유튜브 저작권

분쟁에 대처하는 35가지 기술

유튜브 저작권 분쟁에 대처하는 35가지 기술

초판 1쇄 인쇄 | 2021년 9월 10일
초판 1쇄 발행 | 2021년 9월 17일

지은이 | 임주혜 · 김하영
펴낸이 | 박영욱
펴낸곳 | 깊은나무

편 집 | 권기우
마케팅 | 최석진
디자인 | 서정희 · 민영선 · 임진형
SNS마케팅 | 박현빈 · 박가빈

주 소 | 서울시 마포구 월드컵로 14길 62
이메일 | bookocean@naver.com
네이버포스트 | post.naver.com/bookocean
페이스북 | facebook.com/bookocean.book
인스타그램 | instagram.com/bookocean777
전 화 | 편집문의: 02-325-9172 영업문의: 02-322-6709
팩 스 | 02-3143-3964

출판신고번호 | 제 2013-000006호

ISBN 978-89-98822-93-4 (03360)

영상 내리지 않아도 된다!

유튜브 저작권

분쟁에 대처하는 35가지 기술

임주혜 · 김하영 지음

깊은나무

머리말

독자분들께선 유튜브에서 전문 지식을 전달해 주는 채널을 구독한 적이 있으신가요? 어려운 내용을 유쾌하고 쉽고 알려주는 데다 센스 있는 편집까지 곁들여서, 보는 재미가 쏠쏠하잖아요. 저희 유어스 법률사무소도 유튜브 '이웃집 변호사' 채널을 운영하고 있습니다. 다른 채널들과 차이가 있다면 대표 변호사들이 채널 개설부터 콘텐츠 기획, 촬영, 편집까지 직접 하고 있다는 것이지요.

유튜브 채널을 직접 운영하다 보니 크리에이터 분들의 어려움을 저희도 똑같이 느꼈어요. 채널명 짓기부터 내부 역할분담, 외부 콜라보레이션 때 계약 내용 정리, 그리고 저작권 문제까지 어느 하나 쉬운 것이 없더라고요. 변호사인 저희는 기존에 알고 있던 법률 지식을 활용하고, 관련 법령이나 판례를 찾아보며 하나하나 해결해 나갔습니다. 그러다 보니 법률 전문가가 아닌 크리에이터 분들은 이런 문제를 해결하기가 저희보다 더 어려우실 거라는 생각이 들었어요. 특히 많은 크리에이터 분이 저작권 문제에 대해 잘못 알고 계신 것도 있고, 인터넷으로 전해지는 '카더라' 정보만을 가지고 채널을 운영하다가 문제에 부딪히는 경우를 보면서, 크리에이터 분들에게 필요한 법률 지식을 담은 책의 필요성을 깨닫게 되었습니다.

그래서 채널의 생애주기에 따라서 고민이 되는 문제들을 타임라인순으로 정리해 보고, 각 단계에서 발생할 수 있는 법률 문제들을 구성해서 책을 써 보기로 했습니다.

채널을 만들고 나서부터 채널명을 짓고, 콘텐츠를 기

획하고, 촬영을 하고, 편집을 하면서 음원과 자료들을 활용하는 매 단계 단계마다 문제에 부딪치게 되지요. 또 외주를 줄 때 발생할 수 있는 걱정거리, 고민거리들까지 모두 망라해서 어려운 내용은 쉽게, 복잡한 내용은 간단하게, 바로바로 찾아보실 수 있게 답을 정리했습니다.

이 책을 통해 유튜브 채널 운영을 준비하는 분들이 "아, 앞으로 이런 문제들이 있을 수 있구나" 하고 한 번 문제를 걸러낼 수 있기를 바랍니다. 또한 채널을 운영하시는 분들이 "어떻게 해결해야 하지?" 하고 고민하게 되는 문제들을 이 책이 해결해 드리길 기대합니다.

크리에이터 분들께 도움이 되고자 이렇게 훌륭한 기획

을 해주신 북오션 출판사에 깊은 감사를 드립니다. 늘 응원하고 지지해 주는 우리 팀, 유어스 법률사무소 식구들에게도 감사의 인사를 전합니다. 마지막으로 이 책을 모든 크리에이터 분들께 바칩니다.

2021년 여름

이웃집 변호사 임주혜, 김하영 드림

| 유어스 법률사무소 홈페이지

채널 운영에 고민되는 법률문제가 있다!
개인적으로 골치 아픈 법률분쟁에 휘말렸다!
언제든 여러분의 이웃집 변호사를 찾아주세요.

차례

chapter 2

저작권 문제 없이 영상 만드는 법

chapter 3

소송과 분쟁 – 현명하게 대처하자

chapter 4

유튜브를 운영하며 알아야 할 법률 상식

chapter 1

내 영상이 저작권을 침해했다고?

01

드라마, 영화 리뷰 저작권

요즘 누가 영화관 가서 영화를 처음부터 끝까지 보나요? 유튜브로 집에서 리뷰 영상 보는 게 훨씬 편하죠. 그럼 유튜브의 그 많은 리뷰 채널들은 다 저작권자의 허락을 받은 건가요?

유튜브가 본격적으로 활성화되면서 2시간 넘는 영화, 16부작 드라마도 주요 장면만 모아 보여 주면서 적절한 멘트를 곁들여 리뷰하는 채널들이 인기를 끌고 있습니다. 수십만의 구독자를 거느린 전문 리뷰 채널들도 등장하게 되었죠.

그러던 어느 날 수십만의 구독자를 거느린 인기 영화 리뷰 채널에서 갑자기 많은 영상이 삭제되었습니다. 해당 채널에서는 영화 영상을 짧게 잘라 10초씩만 보여주거나, 영화 영상은 오른쪽 구석에 작게 두고 영화에 대한 감상과 비평을 크리에이터가 목소리와 자막으로 곁들이는 방식으로 영상을 제작하고 있었습니다. 그러다 유튜브에서 저작권 위반에 따른 제재 조치로 영상의 수익 창출을 금지하고 영상을 삭제한 것입니다.

크리에이터는 본인의 영화 리뷰는 저작권자의 허락 없이도 공표된 저작물을 보도, 비평, 교육, 연구 등을 위하여 정당한 범위 안에서 이용할 수 있는 '공정 이용' 에 해당한다고 반박하며 저작권 분쟁으로 이어지게 되었습니다.

하지만 크리에이터의 주장은 받아들여지지 않았고, 해당 채널은 더 이상 운영되지 않고 있습니다.

드라마나 영화 리뷰 전문 유튜브 채널은 영화나 드라마, 예능 등의 프로그램을 적절한 분량으로 편집하고 자신만의 해석을 담은 목소리와 자막을 넣은 영상을 유튜브에 공개해 많은 인기를 끌었고, 그로 인해 크리에이터들이 상당한 수익을 얻게 되었죠.

하지만 이런 리뷰 채널의 영상들은 저작권자의 허락을 받지 않았다면 저작권법 위반의 위험이 매우 높습니다. 즉 저작권자들이 저작권 위반을 문제 삼는다면 모두 문제가 될 수 있습니다.

유튜브는 서비스 초창기 때보다 저작권 정책을 점점 더 엄격하게 적용하고 있습니다. 저작권을 침해한 콘텐츠를 확인하면 해당 영상을 통한 수익 창출을 중지시키도 하고, 한편 최악의 경우 채널을 아예 폭파시키기도 합니다. 실제로 유튜브가 영화, 드라마 리뷰 채널에 대한 본격적인 단속에 나선 2018년도 이후 수십만의 구독자를 거느린 리뷰 채널들의 많은 리뷰 영상이 삭제되었지요. 영상이 삭제된 크리에이터들은 해당 콘텐츠는 '공정 이용'임을 이유로 저작권 위반이 아니라고 주장하며 이와 같은 유튜브 정책에 반기를 들었지요. '공정 이용'이라는 이들의 반론, 과연 쉽게 받아들여질 수 있을까요?

'공정 이용'이란 변화된 디지털 사회의 다양한 저작물 이용 상황에 대응하기 위해 저작권자의 허락이 없이도 공표된 저작물을 보도, 비평, 교육, 연구 등을 위하여 정당한 범위 안에서 공정한 관행에 합치되게 이용할 수 있게 하는 것입니다(저작권법 제28조).

법원에서 '공정 이용'에 해당하는지를 판단할 때는 ① 저작물 이용의 목적(영리성을 가지고 있는지), ② 저작물의 종류 및 용도, ③ 이용된 부분이 저작물 전체에서 차지하는 비중과 중요성, ④ 저작물의 이용이 그 저작물의 시장가치에 미치는 영향 등을 고려합니다.

그럼 유튜브의 수많은 영화, 드라마 리뷰 채널들은 해당 영상이 저작물에 대한 비평의 내용을 담은 것으로 저작권자의 허락 없이도 저작물을 이용할 수 있는 '공정 이용'이라고 주장할 수 있을지 앞서 언급된 법원이 '공정 이용'을 판단하는 네 가지의 기준에 따라 살펴보겠습니다.

① 광고를 붙여 수익을 얻는 유튜브의 특성은 '공정 이용'을 인정받는 데 불리한 정황이 되겠지요.

② 사실적인 정보 전달, 공익적 내용을 담고 있는 저작물이라면 '공정 이용'이 인정될 가능성이 보다 높겠지

만, 영화나 드라마처럼 그 자체가 상업적, 오락적 요소를 주된 내용으로 하는 저작물의 경우 '공정 이용'이 인정되기가 좀 더 까다로울 것으로 보입니다.

③ 이용된 부분이 영상물 전체에서 차지하는 비중을 따져보면, 우리 법원은 영화 '해피 에로 크리스마스'에서 등장인물이 영화 '러브레터'를 30초 정도 시청하는 장면에 대해 전체 2시간이 넘는 영화 중 30초 정도는 공정 이용에 해당할 수 있다 판단한 바 있습니다. 하지만 한 예능 프로에서 영화 '대괴수 용가리'의 일부 장면을 약 3분 정도 보여준 것에 대해서는 공정 이용에 해당하지 않는다고 판단한 것을 보면 사실상 대부분의 리뷰 채널도 사용된 영상의 분량이 짧았다는 이유로 공정 이용을 주장하기는 어려워 보입니다.

④ 요즘 사람들은 2시간 이상 긴 호흡으로 관람하는 영화나 16부작을 몇 개월에 걸쳐 기다리며 봐야 하는 드라마를 10분 남짓으로 압축해서 유튜브로 보는 걸 선호하고 있습니다. 이런 점에서 리뷰 채널이 원저작

물인 영화나 드라마 시장 가치도 위협하고 있다고 판단될 가능성이 높아 보입니다.

결론적으로 영화나 드라마 저작권자의 허락을 받지 않고 무단으로 영상을 사용하는 경우, 아무리 독창적인 리뷰 해설을 곁들이거나 영상을 짧게 10초씩 끊어 사용한다고 해도 모두 저작권 위반이 될 수 있습니다.

사실 영상을 10초씩 끊어 사용하거나 영상을 좌우 반전하는 것 등은 유튜브 자체 저작권 위반 모니터링 시스템을 피하기 위한 편법으로 알려져 있습니다. 하지만 요즘 유튜브의 모니터링 프로그램도 날로 정교해지고 있어 이런 편법을 쓴다 해도 바로 모니터링에 걸리게 됩니다. 또한 유튜브는 저작권을 위반한 채널의 수익 창출을 승인하지 않고 있고 기존에 수익 창출이 인정된 채널이라 하더라도 저작권을 위반한 영상을 업로드하면 바로 제재가 들어가고 있습니다.

이런 유튜브의 제재 조치에 대해 크리에이터가 반론을 제기하는 불복 절차가 마련되어 있지만, 앞서 말씀드린 바와 같이 '공정 이용'은 매우 제한된 상황에서만 인정되고 결국 공정 이용에 대한 판단은 최종적으로 저작권자와 크리에이터 간에 소송을 제기하여 법원에서 인정받아야 합니다. 그러므로 '공정 이용'만 믿고 리뷰 영상을 제작하다가는 큰코다칠 수 있습니다. 뿐만 아니라 이런 유튜브의 자체 모니터링을 통한 제재와는 별도로, 저작권자가 저작권 침해에 따른 형사고소 및 막대한 민사 손해배상을 청구할 수도 있다는 점도 반드시 명심하세요.

그렇다면 영화나 드라마를 리뷰하는 콘텐츠는 아예 만들 수가 없는 걸까요? 사실 유명 리뷰 채널 덕분에 영화를 제대로 보고 싶어져서 VOD를 구입하거나, 맛깔나는 드라마 리뷰 덕분에 드라마가 공전의 히트를 기록하는 경우도 많습니다. 사실 영화라 드라마 리뷰 채널들은 가장 강력한 마케팅 수단이자 홍보 창구가 됩니다. 이런 사실을 영화·드라마 홍보 담당자들도 잘 알기 때문에 오히려 유명 리뷰 채널에는 제작사의 홍보 담당자가 먼저 연락해서 리뷰를 요청하기도 합니다.

그리고 크리에이터들이 메일이나 전화를 통해 리뷰를 위한 영상 사용에 대한 허락을 구하면 제작사에서 리뷰에 사용 가능한 영상을 따로 제공하거나 예고편 영상을 전달하기도 합니다. 개봉한 지 오래된 영화나 방영이 끝난 드라마의 경우 영상을 제한 없이 사용하게 해주기도 하고요. 그렇기에 과거 우후죽순처럼 생겨났던 리뷰 채널들 덕분에 영화나 드라마 제작사 측도 홍보 효과를 누렸기 때문에 굳이 저작권 위반에 대한 법적 조치를 취하지 않고 영상 사용을 용인해 주었습니다.

하지만 국내 및 해외 배급사, 제작사별로 저작권 위반에 대한 입장이나 기조가 워낙 다르고, 아무래도 본인들의 작품에 혹평을 하는 크리에이터에 대해서는 엄격한 입장을 고수하고 호평을 하는 크리에이터에 대해서는 관대해지는 자의적 판단도 개입될 수 있습니다. 기본적으로 저작권자의 허락을 정식으로 얻어 리뷰 영상을 제작해야 한다는 점을 명심하시기 바랍니다.

한편 신생 채널 크리에이터인 경우 도대체 어느 제작사 누구에게 연락해서 어떤 방식으로 허락을 구해야 하는지부터 막막하기 마련입니다. 음악이나 뉴스처럼 저작권 허락을 구할 수 있는 대표 단체나 사이트 등이 구축되어 있는 것도 아니라서 영화, 드라마 리뷰는 저작권자의 허락을 구하는 것도 어려움이 따릅니다. 이런 고충 사항이 반영되어 저작권 사용 허락을 구하는 통일된 창구 마련의 필요성이 꾸준히 제기되고 있는 만큼, 보다 편하고 안전한 방식으로 리뷰 채널을 운영할 수 있는 길이 곧 열리길 기대해 봅니다.

02

짤이 넘실대는 꿀잼영상, 가능한가?

짤 없는 영상을 무슨 재미로 만드나요? 짤과 밈은 꿀잼 영상의 빛이자 소금인 걸요. 그런데 대부분의 짤들은 방송사 영상이나 다른 사람의 영상에서 나온 것이라 쓰기가 아무래도 찝찝해요. 누군가는 3초 이내로 쓰면 괜찮다던데, 사실인가요?

먼저 유튜브계에 떠도는 '3초 룰'이 사실인지부터 살펴볼게요. 3초 미만으로 노출된 짤은 저작권법에서 자유로울 수 있다는 소문인데요. 결론부터 말씀드리자면 '저작권 침해'입니다. 물론 삽입한 영상이 저작권자가 배포를 허용한 경우라면 3초든 3시간이든 자유롭게 쓸 수 있지만, 그런 경우는 드뭅니다. 원 영상 소스를 사용하든, 캡처본을 사용하든 저작권에 대한 사전 협의나 자유로운 사용을 허락한 경우가 아니라면 저작권 침해의 가능성이 높다는 생각을 하셔야 합니다. 짤을 수익을 내지 않는 영상에 사용한 경우에도 마찬가지입니다.

인터넷에 돌아다니는 '무료 소스'에서 다운받아 썼다고 저작권 침해에서 자유롭다고 생각하시는 경우도 있어요. 그렇지만 해당 영상자료의 원저작권자가 직접 배포한 것이 아니고 편집자들끼리, 어떤 블로그에서, 어떤 사이트에서 다운받은 것이라면 그 영상자료를 업로드한 사람부터 저작권을 침해하고 있는 것일 가능성이 높다고 의심하시는 게 좋습니다. 예를 들어 누군가 TV 프로그램 '무한도전'의 소스를 모아서 블로그에 올려놓고, "무료로 가져가세요"라고 썼다고 해보지요. 그 블로거는 MBC의 저작권을 침해했고, 다른 사람도 그것을 사용해 영상을 제작 및 배포하면 그 역시 저작권 침해입니다. 따라서 몇 다리 건너서 자료를 받아 사용하는 경우 이런 부분을 특히 유념하셔야 합니다.

그렇다면 짤을 정당하게 활용하여 영상을 만들 방법은 없을까요? 올바르게 사용하고 싶다면 저작권자에게 허락을 받는 방법밖에 없습니다.

우리는 재밌는 짤이 방송사, 웹툰 작가, 사진작가의 저작물이라는 사실을 종종 잊곤 합니다. 허락을 얻지 않은 타인의 영상 또는 사진, 그림 자료들을 이용하지 않더라도 재밌고 유익한 영상을 만들 방법을 모색해 보는 것이 창작자의 권리를 존중하는 좋은 방안이 될 것입니다.

03

모자이크 짤방이 있다고요?

스포츠 중계, 경기 영상도 저작권이 있나요?

저작자는 저작물을 창작한 순간부터 저작권을 갖습니다. 스포츠 경기 자체에는 저작권이 없지만 이를 다양한 각도에서 촬영 기법을 동원하여 촬영한 중계 영상은 저작권이 인정됩니다.

움짤이라는 말은 움직이는 '짤'을 가리키는데, '짤'은 '짤방', '짤림 방지'의 줄임말로, 오래 전 커뮤니티 게시판에서 사용하던 말이 굳어져 지금까지 사용되고 있습니다. 지금은 보통 재미있는 이미지를 말합니다. 움짤은 이미지를 여러 장 순차적으로 보여줘서 움직이는 것처럼 보이도록 한 GIF 이미지 파일을 말하는데, 지금은 비슷한 길이의 영상도 포함합니다.

일상은 물론 TV 예능이나 스포츠 경기 영상 등 다양한 영상이 움짤로 만들어져 극히 짧지만 강한 인상을 주는 장면을 보여 줍니다. 특히 스포츠 팬들이 만드는 움짤은 인터넷 커뮤니티상에서 화제가 되기도 하며 리그의 흥행 요소로 자리매김하고 있지요.

그런데 두터운 팬층을 두고 있는 한국 야구에서는 이 움짤을 놓고 팬들과 한국야구위원회(KBO) 간에 신경전이 팽팽합니다. KBO 측에서 움짤을 포함한 경기 영상 콘텐츠를 별도 협의 없이 올릴 경우 저작권 위반에 해당하므로 모두 고소·고발하며 선처는 없다는 강경한 입장을 내놓았기 때문이지요.

현재 KBO 리그의 뉴미디어 중계권 및 콘텐츠 저작권은 1100억 원이라는 막대한 비용을 낸 이동통신 3사와 인터넷

포털사 등이 연합한 '통신 · 포털 컨소시엄'이 보유하고 있습니다. 원칙적으로 경기 영상을 본인의 콘텐츠에 사용하기 위해서는 이 저작권자에게 허락을 구하는 게 맞겠지요.

하지만 순전히 팬심에서 극히 짧은 분량의 영상 파일로 경기 장면을 편집하고 사람들에게 공유하는 움짤 놀이에 저작권 위반 얘기가 나오자, 아무래도 팬들의 스포츠 콘텐츠 생산은 위축될 수밖에 없었습니다. 이에 팬들 사이에서 모자이크처리를 한 짤, 손으로 직접 그림을 그린 움짤까지 등장하면서 이슈는 계속되고 있습니다.

방송사의 스포츠 중계방송을 다른 사람이 실시간으로 다시 중계한다면?

국내에서 인기 있는 유럽 축구리그인 잉글랜드 프리미어 리그나 유럽축구연맹 챔피언스리그, FIFA, KBO 등은 모두 독점 중계 권한을 갖고 있는 에이전시가 있고 방송사들은 이들을 통해 일정 기간의 중계권을 막대한 비용을 지불하고 사들입니다.

그럼 방송사는 저작권자로서 방송물에 대한 복제권,

방송권 등의 저작권을 가지게 되고 복사권이나 동시중계 방송권도 가질 수 있습니다. 스포츠 경기 중계가 끝나자마자 포털사이트 등에 올라오는 하이라이트 영상 역시 독점 중계권을 갖고 있는 방송사로부터 포털사이트가 중계권을 재구매해 콘텐츠 배포에 대한 권리를 확보해서 가능한 것입니다.

따라서 방송사의 스포츠 중계 방송을 다른 사람의 허락 없이 유튜브 등에서 실시간으로 다시 중계하는 경우에는 저작권을 침해에 해당하게 된다는 점 명심해 주세요.

스포츠 경기를 직접 관람하면서 개인이 촬영한 직캠 영상도 저작권이 있나요?

상업적인 목적으로 이뤄진 스포츠 경기 직캠 영상의 촬영과 배포는 저작권법 위반 가능성이 높습니다. 직캠 영상은 위에서 살펴본 방송국 등의 독점중계권을 침범한 것이 될 수 있기 때문이죠.

단순히 개인이 개인 소장용으로 스포츠 경기 관람 중 촬영한 사진이나 영상들까지 저작권 위반의 문제가 되지는 않는다고 하겠지만, 경기 직캠 영상을 유튜브 등에 수차례 올리며 스포츠 리뷰 채널을 운영하고 있다면, 저작권을 가진 방송국 등이 정도가 심하다고 판단할 경우 영상 삭제 및 민사·형사상의 책임을 물을 수도 있습니다.

04

책튜브는 저작권에 안 걸릴까?

책 읽는 것과 소개하는 것을 좋아해요. 책을 소개하는 유튜브 채널인 책튜브를 만들어 운영하고 싶은데, 책을 읽어주거나 인용해서 소개하는 것이 저작권법상 문제가 되나요?

유튜브에는 책을 읽어주거나 요약해서 소개하는 콘텐츠도 많습니다. 이런 영상들도 저작물의 2차 이용에 해당합니다.

저작물의 정의는 '인간의 사상 또는 감정을 표현하는 창작물'입니다. 그러므로 우리가 흔히 읽는 소설, 수필, 시는 저작물로서 보호받습니다. 저작물을 이용하기 위해서는 영리 또는 비영리를 불문하고 저작권자에게 이용 허락을 받아야 하는 것이 원칙입니다.

대부분 책에는 이용 허락을 얻기 위한 연락처가 적혀 있습니다. 저자 본인이든 출판사든 연락을 취해 이용 허락을 받아 영상을 제작하는 것이 가장 안전한 방법입니다.

따라서 '저작권자의 허락 없이' 책의 내용을 읽어 주는 영상, 책의 내용을 그대로 인용하는 영상, 책을 촬영해서 보여 주는 영상 등을 만들어서 유튜브에 게시하는 것은 '복제권', '공중송신권' 등의 저작권 침해에 해당될 수 있습니다.

특히 우리 법원은 '장편 작품을 축약해서 게재했다면, 동일성유지권 침해로 인하여 그 저작자들이 입은 정신적 손해를 배상할 의무가 있다'는 판결을 내린 적도 있으니, 책을 요약해서 만든 영상 역시 저작권 침해의 가능성이 있습니다.

북튜브 콘텐츠 관련 대법원 사례를 소개합니다.

대법원 2013. 8. 22. 선고 2011도3599 판결

요약물이 원저작물과 실질적인 유사성이 있는지는, 요약물이 원저작물의 기본으로 되는 개요, 구조, 주된 구성 등을 그대로 유지하고 있는지 여부, 요약물이 원저작물을 이루는 문장들 중 일부만을 선택하여 발췌한 것이거나 발췌한 문장들의 표현을 단순히 단축한 정도에 불과한지 여부, 원저작물과 비교한 요약물의 상대적인 분량, 요약물의 원저작물에 대한 대체가능성 여부 등을 종합적으로 고려하여 판단해야 한다. 피고인 甲 주식회사의 대표이사인 피고인 乙이, 영문(英文) 저작물인 원저작물의 내용을 요약한 영문 요약물을 丙 외국법인에게서 제공받아 한글로 번역한 요약물을 피고인 甲 회사의 인터넷 웹사이트를 통해 유료로 제공하는 방법으로 원저작물 저작권자의 2차적저작물작성권을 침해하였다.

북튜버는 저작권 걱정 없이 안심하고 만들 수 있는 콘텐츠가 없는 걸까요?

책의 경우 출간된 지 오래된 고전이 많습니다. 저작권은 오래된 저작물의 권리를 보호하지 않기 때문에 보호기간이 지난 저작물은 자유롭게 이용할 수 있어요. 저작권은 저작자가 사망한 후 70년까지 지속된다고 생각하시면 됩니다. 한국저작권위원회 공유마당에서는 보호기간이 만료된 작가를 안내하고 있습니다.

보호기간이 만료된 책을 다루는 경우라도 한 가지 주의할 것이 있습니다. 바로 번역자의 권리입니다. 저자가 사망한 경우라도 번역자가 생존해 있거나 보호기간이 만료되지 않은 경우라면, 원문에 대한 보호기간이 종료했을 뿐 번역문을 인용할 때는 번역자의 이용 허락을 받아야 합니다.

05

브이로그 배경음악 저작권

음악 없는 영상은 밋밋함 그 자체인데… 음악은 도대체 어디까지 쓸 수 있는 건가요?

영상을 만들 때 아무리 멋진 구도로 영상을 담아도, 센스 넘치는 자막을 붙여도, 영상에 삽입되는 음악이 없으면 밋밋하기 그지없죠. 인기 드라마나 영화에는 늘 많은 사람의 뇌리에 박힌 OST가 있는 것처럼 말입니다.

특히 유튜브로 일상을 공유하는 브이로그 채널이 인기를 끌면서 이 브이로그 영상에 적절한 배경음악을 넣는 것이 크리에이터의 중요한 스킬로 생각되고 있고요. 브이로그(V-log)는 비디오(video)와 블로그(blog)의 합성어로, 일상적인 일을 블로그에 올리는 것처럼 일상을 동영상으로 촬영한 영상 콘텐츠를 말합니다.

그런데 크리에이터들 사이에서 타인의 음악이라 해도 "15초 이내에 사용하는 것은 괜찮다"와 같은 소위 '15초 룰'이 사실인 것처럼 퍼지면서 영상이 삭제되는 일들이 생겼습니다. 이 '15초 룰'은 구글 나름의 저작권 위반 필터링 기준이 잘못 전해지며 생겨난 루머에 불과할 뿐, 타인의 음원을 허락 없이 사용했다면 아무리 짧은 시간 사용했다고 해도 저작권 위반이 될 수 있기 때문에 주의가 필요합니다.

작사, 작곡, 편곡 모두 다른 사람이 만든 음악은 누구에게 허락을 받아야 하나요?

한 음악이 완성되려면 가수 외에도 작사가, 작곡가, 편곡자, 제작자 등 여러 명이 그 음원에 대한 권리를 갖게 됩니다. 따라서 원칙적으로는 크리에이터가 어떤 가요를 자신의 콘텐츠에 이용하기 위해서는 원칙적으로 작곡가, 작사가, 편곡가, 가창자, 연주자, 음반 제작자 모두에게 허락을 구해야 합니다.

하지만 영상을 하나씩 만들 때마다 배경음악을 사용하기 위해 이 사람들을 하나하나 찾아다닐 수는 없겠지요. 이런 업무를 대신하기 위해 신탁 단체인 한국음악저작권협회 등은 음악 저작물을 사용하는 사람들로부터 사용료를 징수하고 또 분배 규정에 의거해서 사용료를 배분하며, 방송, 노래방, 광고대행사, 출판사 등 사용자에게 사용허락도 대신해 주고 있습니다.

한편 저작물의 보호기한은 저작자의 사후 70년까지이므로, 베토벤의 교향곡 '운명'처럼 수백 년이 지난 음원은 저작권이 없어 무료로 이용할 수 있다는 점도 기억하세요.

유튜브에서 저작권이 있는 음악을 사용하려면 어떻게 하면 되나요?

유튜브에서는 저작권 소유자에게 Content ID를 부여하고 있습니다. 저작권 소유자는 Content ID를 설정하여 자신이 저작권을 보유한 저작물과 일치하는 동영상의 업로드를 차단할 수 있습니다. 또한 소유권을 주장한 콘텐츠에 광고가 게재된 상태로 계속 유튜브에 게시되도록 허용할 수도 있습니다. 이 경우 광고 수익은 소유권을 주장한 콘텐츠의 저작권 소유자가 받게 되지요.

유튜브 고객센터에 들어가면 이러한 내용에 대한 자세한 안내가 나와 있습니다. 유튜브는 음악을 사용할 수 있는지 여부와 사용 방식을 결정하는 것은 결국 저작권 소유자이므로, 저작권 소유자의 저작권 정책이 내 동영상의 제공 여부와 제공 방식에 영향을 미친다고 안내하고 있습니다. 결국 음원의 저작권자가 어떤 정책을 취하는지에 따라 영상에 사용 가능 여부가 달라지게 됩니다.

무료로 음원을 제공하는 곳은 없을까요?

브이로그에 잔잔하게 음악을 넣고 싶은 것뿐인데, 신탁업체 등에 허락을 구하는 것도 번거롭고, 잠깐의 음원 사용으로 광고 수익 창출을 못하는 것도 아쉽다면 걱정하실 필요 없습니다. 유튜브에서는 이미 어마어마한 양의 무료 음원을 제공하고 있으니까요. 유튜브 스튜디오 내 오디오 보관함에 무료음악과 음향 효과를 제공하고 있으며, 음악에 따라 저작자를 표기하지 않아도 무료 사용이 가능합니다. 특히 무료 음악은 장르와 분위기 등 다양한 카테고리에 맞춰 검색이 가능하고 쉽게 다운로드가 가능하기 때문에 출처 표시 필요 여부만 확인하신 후 편하게 이용하시길 추천드립니다.

06

커버곡, 커버댄스 채널을 하고 싶어요

저는 춤과 노래에 재능이 있어요. 커버송, 커버댄스 채널을 만들고 싶어요. 기회가 된다면 일반인들이 나와서 노래를 하는 노래방 콘텐츠도 하고 싶고요. 문제없을까요?

원곡의 음원을 사용해서 노래를 따라 부르는 것(커버곡, 커버송)과 그것을 촬영해 유튜브에 올리는 것은 정당한 이용 허락이 없는 이상 원저작물의 복제권, 전송권을 침해했다고 판단될 가능성이 있습니다. 따라서 원칙적으로는 원저작자의 이용 허락을 얻어서 제작해야 합니다.

요즘은 유튜브 시스템이 잘 되어 있어서 원저작자가 권리를 행사하고 있는지, 수익 공유를 희망하는지 등을 확인할 볼 수 있으니 도움을 받으면 되겠습니다. 다만 이용 허락 없는 커버는 원칙적으로는 저작권 침해라는 점을 꼭 기억해 두세요.

앞에서 살펴본 대로 저작권법은 저작물을 공정하게 이용한 경우에 대해서는 문제 삼지 않습니다. 이러한 '공정이용'에 대한 커버댄스와 관련한 유명한 판결이 있어 한 번 같이 살펴볼게요.

A씨는 다섯 살 딸아이가 의자에 앉아 손담비의 '미쳤어'라는 노래를 부르는 53초짜리 영상을 게시했습니다. 이 영상에서 가수 손담비 씨의 음원이 사용되지는 않았고, 아이가 직접 노래를 부르며 귀여운 동작으로 춤을 춥니다.

그런데 한국음악저작권협회('음저협')가 이것이 저작권을 침해한다고 네이버 측에 해당 동영상의 전송 중단을 요청했습니다.

이 사건에 대해 법원은 어떻게 판단했을까요? 결론부

터 말하면 음저협이 블로거에게 20만 원을 배상하게 되었습니다! 어떻게 된 일일까요?

먼저 법원은 아이가 노래의 일부를 미숙하게 흉내내서 따라 부른 것도 "비록 아이가 부른 부분이 원저작물에 비해 음정, 리듬, 가사가 상당히 틀린 것은 맞지만 원저작물의 악곡과 가사의 일부를 가창한 것을 녹화하여 영상을 제작한 것으로, 이는 '원저작물의 복제'에 해당한다고는 봤습니다. 일반인이라도 '미쳤어'를 따라 부른 것임을 인식할 수 있을 정도로 유사하다는 것이 포인트였습니다.

그러나 "아이가 가수 손담비를 흉내 내는 귀엽고 깜찍한 모습과 행동을 생동감 있게 표현한 것이 주된 내용이고, 반주도 없이 불완전하게 불린 점 등 '미쳤어'가 주는 감흥을 그대로 전달하거나 '미쳤어'에 대한 시장의 수요를 대체해서 원저작물의 가치를 훼손한다고 보기는 어렵다"며 정당한 범위 안에서 공정한 관행에 합치되게 인용했다고 보았습니다.

이렇게 정당하게 게시된 게시물임에도 이에 대한 게재 중단을 요청했기에, 음저협은 이 블로거에게 발생한 손해를 배상해야 한다고 판결했습니다.

이 판결에서 볼 수 있듯이 커버곡, 커버댄스는 원칙적으로 원저작물에 대한 복제가 맞지만 경우에 따라서는 저작권을 침해하는 이용방법이 아니라는 판단을 받을 수 있습니다.

다만 어디까지가 공정한 이용인지 판단하기가 매우 까다롭습니다. 공정 이용에 대한 기준을 정리해 보자면 '목적이 비영리적이거나 교육적인 경우', '이용된 부분이 전체에서 차지하는 양과 질이 얼마나 되는지', '만들어진 새로운 영상이 원저작물의 잠재적 수요 또는 가치에 미치는 영향이 얼마나 되는지' 등입니다.

07

공정 이용의 기준과 범위

저작물을 허락 없이 쓸 수 있는 경우나 조건들을 알려 주세요.

앞에서 언급한 여자아이가 부른 '미쳤어' 영상에 대한 사례를 조금 더 자세히 살펴보겠습니다.

다섯 살 여자아이가 의자에 앉아 가수 손담비 씨의 노래 '미쳤어'를 따라 부르면서 춤을 추는 것을 촬영한 블로거는 이 영상을 자신의 네이버 블로그에 게시했습니다. 이 영상이 인기를 끌자 한국음악저작권협회에서 저작권 침해를 이유로 복제 전송의 중단 조치를 요구하며 법적 분쟁이 시작되어 유명해졌습니다. 이른바 '미쳤어 UCC' 사건입니다.

해당 영상에서 가수가 부른 음원을 사용하지는 않았지만, 허락을 받지 않고 해당 곡을 이용한 것은 분명합니다. 그러니 쟁점은 '인용' 등 저작권 제한 사유에 해당하느냐가 되었죠. 결론적으로 법원은 정당한 범위, 공정한 관행에 합치하는 인용으로 결론을 내렸습니다.

영상에서 이용한 저작물의 양이 음원 전체 74마디 중 7~8마디에 불과하고, 녹화 당시 주변 소음 때문에 약 53초 분량의 동영상 중 초반 약 15초 정도만 이 사건 저작물을 부르고 있음을 알아볼 수 있다는 점 등을 근거로 정당한 범위 안에서 공정한 관행에 합치되게 인용되었다고 판단했습니다.

그런데 이런 사항을 일반적으로 적용하기는 어려워 보입니다. 도대체 어떤 조건들을 충족해야 저작물을 허락 없이 쓸 수 있는 걸까요?

공정 이용과 인용은 무엇인가요?

저작권법은 ① 보도, 비평, 교육, 연구 등을 위하여 ② 정당한 범위 안에서 ③ 공정한 관행에 합치된다면, 저작권자의 허락 없이도 '인용'할 수 있다고 규정하고 있습니다.

법은 보도, 비평, 교육, 연구 등을 위한 것으로 정하고 있지만 이는 예시적인 규정입니다. 그 밖의 목적으로 이용하는 경우에도 '인용'이 가능할 수 있으며, 특히 영리적으로 이용하는 경우에도 '인용'이 인정될 수 있습니다.

다만 영리적으로 이용하는 경우에는 ② 정당한 범위 안에서 사용한 것인지, ③ 공정한 관행에 합치되는지를 판단할 때 영리적인 경우가 비영리적인 경우보다 더 엄격한 기준이 적용됩니다.

즉, 유튜브에서 광고 수익을 창출하고 있는 경우도 저작권법 제28조에 따른 '인용'은 가능할 수 있지만 보다 엄격하게 위 기준이 적용된다는 점을 기억해 주세요.

저작권법 제28조 (공표된 저작물의 인용)

공표된 저작물은 보도·비평·교육·연구 등을 위하여는 정당한 범위 안에서 공정한 관행에 합치되게 이를 인용할 수 있다.

정당한 범위는 어떻게 판단하나요?

'정당한 범위 안에서 공정한 관행에 합치되는 인용' 여부는 결국 최종적으로 법원의 판단에 따라 인정됩니다. 법원은 과거에는 인용의 대상이 되는 원저작물이 인용을 하는 저작물과의 관계에서 부종적 성격을 가져야 한다는 입장을 취했습니다.

좀 쉽게 얘기해 보자면 인용된 부분이 중심이 되어서는 안 되며, 부연·참고자료 등 인용저작물을 뒷받침하는 정도로 사용해야 한다는 입장이었죠.

하지만 이후 이런 주종관계가 없더라도 인용의 목적, 저작물의 성질, 인용된 내용과 분량, 피인용저작물을 수록한 방법과 형태, 독자의 일반적 관념, 원저작물에 대한 수요를 대체하는지 여부 등을 종합적으로 고려하여 인용으로 판단해야 한다는 판례가 등장했습니다. 이는 현재 저작권법 제35조의5 공정 이용일반 조항과 유사한 내용으로 결국 저작권법 제 28조의 '인용'의 요건을 충족하지 못하더라도 저작권법 제35조의5에 따라 공정 이용에 해당할 수 있는 길이 열리게 되었습니다.

저작권법 제35조의5 (저작물의 공정한 이용)

① 제23조부터 제35조의4까지, 제101조의3부터 제101조의5까지의 경우 외에 저작물의 통상적인 이용 방법과 충돌하지 아니하고 저작자의 정당한 이익을 부당하게 해치지 아니하는 경우에는 저작물을 이용할 수 있다. 〈개정 2016. 3. 22., 2019. 11. 26.〉

② 저작물 이용 행위가 제1항에 해당하는지를 판단

할 때에는 다음 각 호의 사항등을 고려하여야 한다. 〈개정 2016. 3. 22.〉

1. 이용의 목적 및 성격
2. 저작물의 종류 및 용도
3. 이용된 부분이 저작물 전체에서 차지하는 비중과 그 중요성
4. 저작물의 이용이 그 저작물의 현재 시장 또는 가치나 잠재적인 시장 또는 가치에 미치는 영향

공정 이용에 해당할 확률을 높일 방법은 무엇일까요?

첫째, 시장에 미치는 영향이 적을수록 유리합니다.

공정 이용과 관련된 법원의 판단들을 살펴보면 저작물의 이용이 현재 시장 가치나 잠재적인 시장 가치에 미치는 영향을 중요한 판단 요소로 보고 있는 걸 알 수 있죠.

실제로 기출문제를 무단 수록한 것인 문제된 '대학입시용 문제집' 사건에서 법원은 이 기출문제 무단 수록 문

제집이 시장 수요를 상당히 대체했다고 판단해서 공정한 관행에 합치되는 이용이라 할 수 없다고 판단한 바 있습니다.

또한 감상용으로는 쓸 수 없을 정도로 사진의 해상도를 낮추는 경우, 해상도를 낮춘다고 해서 무조건 이용할 수 있는 것은 아니지만 법원은 해상도가 낮을수록 상대적으로 인용이나 공정 이용에 해당할 가능성이 높은 것으로 판단하고 있는 것으로 보입니다.

둘째, 이용분량이 적을수록 유리합니다.

상식적으로 이용분량이 적을수록 당연히 공정 이용에 해당할 가능성이 높아질 수 있습니다. 저작권법 제35조의5에서 들고 있는 조건에서도, 이용된 부분이 전체에서 차지하는 비중과 그 중요성을 고려 요소로 하고 있습니다. 이 분량도 공정 이용으로 판단되는 데 매우 중요한 요소로 작용합니다.

셋째, 새로운 가치를 창출하면 유리합니다.

단순한 복제가 아니라 새로운 가치를 창출하는 '생산적

이용'인 경우 공정 이용에 해당할 가능성이 높아집니다.

넷째, 출처 표기는 필수입니다.

인용, 공정 이용에 해당한다고 하더라도 출처 표시는 반드시 해야 합니다. 저작권법은 출처 표시 방법에 대해 합리적으로 인정되는 방법으로 하라고 정하고 있으므로 구체적인 방법은 관행을 따르면 됩니다. 인터넷에서 검색된 자료의 경우 원래의 이미지가 수집된 웹사이트 주소를 적어둔 것으로 출처 표기 의무를 다했다고 판단한 사례도 있으니 참고하시기 바랍니다.

저작권법 제37조(출처의 표시)

① 이 관에 따라 저작물을 이용하는 자는 그 출처를 명시하여야 한다. 다만, 제26조, 제29조부터 제32조까지, 제34조 및 제35조의2부터 제35조의4까지의 경우에는 그러하지 아니하다.

② 출처의 명시는 저작물의 이용 상황에 따라 합리적이라고 인정되는 방법으로 하여야 하며, 저작자의 실명 또는 이명이 표시된 저작물인 경우에는 그 실명 또는 이명을 명시하여야 한다.

08

연예인 사진이나 영상을 사용해도 되나요?

직접 촬영한 연예인 영상을 업로드하는 채널을 운영하고 싶어요. 제가 직접 사진도 찍고 영상도 촬영하고 편집도 다 제가 합니다. 이 정도면 제가 만든 저작물이니까 저작권법상 문제는 없을 것 같습니다. 연예인 입장에서도 제가 찍은 무대 '직캠'이 흥하면 이익인 거잖아요. 서로 윈윈아닐까요?

내가 촬영한 사진이나 영상을 사용하는 것은 문제가 되지 않을 거라고 생각하기 쉽습니다. 그러나 이 경우 현실적으로는 다음의 문제가 발생합니다.

먼저 유명인이 스스로의 노력에 의해 얻은 명성, 사회적 평가, 인지도로부터 생기는 독립한 경제적 이익은 법에 의해 보호됩니다. 이를 '퍼블리시티권'이라고 부릅니다.

퍼블리시티권은 누군가 유명 연예인이나 운동선수의 이름이나 모습 등을 상업적으로 이용하는 경우, 그 연예인에게는 그러한 사용에 대한 이용계약을 맺었다면 그가 얻을 수 있었던 경제적 이익만큼의 손해가 발생했다고 판단합니다. 다시 말해, 연예인의 사진이나 영상을 함부로 쓴 경우 돈을 내야 한다는 말입니다. 그리고 그 연예인에게 내야 하는 돈은 '그 연예인의 허락을 얻어서 사진이나 영상을 정당하게 사용한 경우 냈어야 하는 만큼'이 됩니다. 내가 얻은 수익만큼이 아니라, 그 연예인이 받을 수 있었을 만큼의 돈이라는 것이 포인트입니다.

퍼블리시티권은 우리나라 법에 정해져 있거나 대법원이 판결한 내용은 아니지만, 일부 하급심 법원에서 인정하고 있습니다. 따라서 유튜브 등에서 연예인의 사진 또는 영상으로 수익을 얻었다면, 나중에 법원에서 그 연예인에게 돈을 배상하라는 판결이 나올 수 있습니다.

추가로, 법원의 판결은 대법원이 최종적인 판단의 권

한을 가지고 있습니다. 간단하게 말했을 때 재판은 지방법원-고등법원-대법원 순서로 3번 진행되는데요. 지방법원, 고등법원의 판단을 대법원이 뒤집을 수 있습니다.

퍼블리시티권에 관하여 현재 지방법원, 고등법원이 판단한 내용들은 존재하지만, 대법원의 판결은 존재하지 않습니다. 대법원이 퍼블리시티권에 관한 종전 지방법원, 고등법원 판결들이 잘못되었다고 하면서 다른 판단을 내릴 가능성도 얼마든지 있습니다.

잘 알려진 연예인뿐만이 아닙니다. 우리 법원은 유명인뿐 아니라 일반인에게도 퍼블리시티권이 인정된다고 판단하고 있습니다. 나아가 이러한 원칙은 영상, 사진보다 추상적인 캐릭터와 같은, 특정인을 연상시키는 물건 등의 경우에도 적용됩니다.

자신이 직접 촬영한 사진이나 영상이더라도 촬영이 허락되지 않은 공연장 등을 촬영한 영상이라면 더더욱 문제가 큽니다. 사전에 허락을 얻지 않고 콘서트 등을 촬영했다면, 그 자체로 해당 공연의 저작권을 침해하는 문제가 발생합니다.

우리가 흔하게 소비하는 '직캠'도 마찬가지입니다. 해당 영상에 나오는 노래와 춤 등에 대해 허락을 얻지 않고 복제한 것이기 때문에 저작권법에 위배됩니다.

소속사 등에서도 직캠이 흥하면 홍보에 이득이 되기 때문에 방관하는 경우도 있지만, 언제든 해당 공연의 원저작자들이 마음을 바꾸어 문제삼을 수도 있다는 점, 잊으면 안 되겠습니다.

09

CC 표시 보는 법

CCL이 뭔가요?

CCL은 Creative Commons License의 약자입니다. 저작자 스스로 자신의 권리를 지키는 한편 자신의 창작물의 공유 가능한 범위를 설정해서 본인의 권리를 지키기 위해 만들어진 수단입니다. 즉 자신의 창작물에 대하여 일정한 조건하에 다른 사람의 자유로운 이용을 허용하는 내용의 자유이용 라이선스입니다.

저작권법 제46조에 따르면 저작재산권자는 다른 사람

에게 그 저작물의 이용을 허락할 수 있고 이용 허락을 받은 자는 "허락받은 이용 방법 및 조건의 범위 안에서" 저작물을 이용할 수 있게 되어 있습니다.

즉 원칙적으로 다른 이의 이용을 금지하되 개별적인 허락을 통해 특정인에게만 이용을 허락하는 형태로 구성되어 있는 것이지요.

이런 저작권법의 폐쇄적인 이용의 불편함을 개선하고 보다 자유롭고 정당한 방식의 공유를 활성하고자 CCL은 원칙적으로 자유로운 이용을 허락하되, 몇 가지 이용 방법의 조건을 부가하는 개방적인 이용 방식을 택했습니다.

CCL은 Attribution(저작자표시), Noncommercial(비영리), No Derivative Works(변경금지), Share Alike(동일조건변경허락)라는 4가지의 "이용 허락 조건"을 조합해서 6가지 유형을 정해 두었고, 저작권자가 자신의 의사에 맞는 조건을 선택에 저작물에 이를 적용하고 이용자는 적용된 CCL을 확인하여 이에 맞게 이용하는 구조로 이루어져 있습니다.

● 이용허락조건

아이콘	해설
	Attibution (저작자 표시) 저작자의 이름, 출처 등 저작자를 반드시 표시해야 한다는, 라이선스에 반드시 포함하는 필수조항입니다.
	Noncommercial (비영리) 저작물을 영리 목적으로 이용할 수 없습니다. 영리목적의 이용을 위해서는, 별도의 계약이 필요하다는 의미입니다.
	No Derivative Works (변경금지) 저작물을 변경하거나 저작물을 이용한 2차적 저작물 제작을 금지한다는 의미입니다.
	Share Alike (동일조건변경허락) 2차적 저작물 제작을 허용하되, 2차적 저작물에 원 저작물과 동일한 라이선스를 적용해야 한다는 의미입니다.

CCL 표시 보는 법을 알려 주세요.

CCL 표시는 아래와 같이 6가지 조합이 가능합니다. 위 조건에 맞게 저작자를 표기하고 출처를 명시함으로써 별도 사전 허락을 거칠 필요 없이 저작물의 이용이 가능해지는 것이지요.

● 라이선스

라이선스	이용조건	문자표기
	저작자 표시 저작자의 이름, 저작물의 제목, 출처 등 저작자에 관한 표시를 해주어야 합니다.	CC BY
	저작자표시-비영리 저작자를 밝히면 자유로운 이용이 가능하지만, 영리목적으로 이용할 수 없습니다.	CC BY-NC
	저작자표시-변경금지 저작자를 밝히면 자유로운 이용이 가능하지만, 변경 없이 그대로 이용해야 합니다.	CC BY-ND

	저작자표시–동일조건변경허락 저작자를 밝히면 자유로운 이용이 가능하고 저작물의 변경도 가능하지만, 2차적 저작물에는 원 저작물에 적용된 것과 동일한 라이선스를 적용해야 합니다.	CC BY-SA
	저작자표시–비영리–동일조건변경허락 저작자를 밝히면 이용이 가능하며 저작물의 변경도 가능하지만, 영리목적으로 이용할 수 없고 2차적 저작물에는 원 저작물과 동일한 라이선스를 적용해야 합니다.	CC BY-NC-SA
	저작자표시 비영리–변경금지 저작자를 밝히면 자유로운 이용이 가능하지만, 영리목적으로 이용할 수 없고 변경 없이 그대로 이용해야 합니다.	CC BY-NC-ND

CCL은 어떻게 등록하고 어디서 찾을 수 있나요?

사단법인 코드(C.O.D.E., 구 크리에이티브 커먼즈 코리아) 홈페이지에 라이선스 생성기를 통해 저작권자가 몇 가지 질문에 답을 하면 이에 부합하는 라이선스를 사이트에서 알려주고, 동시에 HTML 문서에 삽입할 수 있는 RDF/XML 구문을 생성해서 삽입이 가능합니다. 즉 인터넷을 통해 해당 표시 로고를 다운로드 받아 저작물에 표시해 둠으로써 쉽게 사용할 수 있습니다. 또한 인터넷상에 표기하는 데 그치지 않고 출판물이나 블로그, 글, 기사. 동영상 등 다양한 곳에 CCL을 표시해 둘 수도 있습니다.

만약 구글에서 이미지를 검색하는 경우 검색 필터를 통해 CCL을 확인할 수 있습니다.

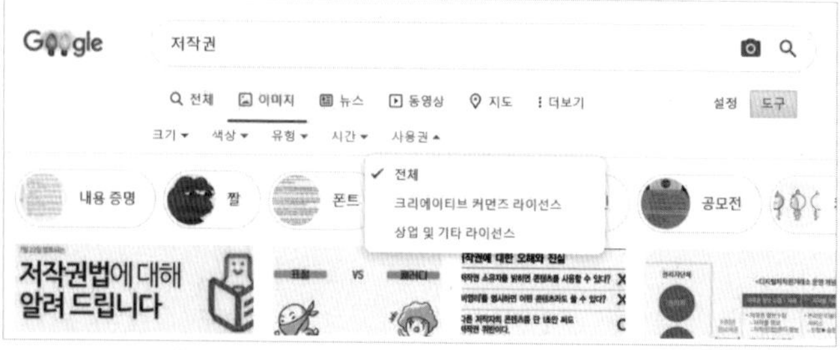

CCL이 어떤 의미를 가지나요?

이제는 인터넷을 통해 누구나 쉽게 창작물을 접하고 누구나 창작자도 될 수 있습니다. 스스로 범위를 정해 원하는 한도에서는 자유로운 공유를 가능하게 하고, 또 한편으로는 허용의 범위를 명확히 해야 합니다. 그 범위를 벗어나는 사례에 대해서는 저작권 침해에 대한 책임을 물을 수 있다는 점에서 저작권자가 저작물에 대한 사용 조건을 공개적으로 표시하는 운동은 더욱 활성화되어야 한다고 생각합니다.

10

뉴스, 기사 저작권

뉴스나 기사는 공익적 목적으로 제작된 것인데, 누구나 갖다 써도 되는 거 아닌가요?

뉴스와 기사에는 저작권이 없다고 생각하시는 분들이 많이 있습니다. 특히 공익적인 목적으로 제작된 것이니 누구나 가져다 쓸 수 있고 출처만 밝히면 문제가 없다고 생각하시는 것 같습니다.

실제로 요즘 유튜브에서는 정치, 사회 이슈들을 다루는 채널들이 많아지고 큰 인기를 끌고 있는데, 해당 채널들이 내용을 설명하면서 신문기사나 방송 뉴스 등을 그대로 캡처해서 사용하는 경우를 쉽게 볼 수 있었습니다.

하지만 얼마 전 주요 뉴스들에 대해 비평하는 것으로 유명한 한 채널은 방송 뉴스 영상 및 캡처 화면을 허락없이 사용하다 채널이 삭제되었습니다.

뉴스와 기사도 저작권이 있다는 건가요?

저작물의 종류에는 어문저작문, 음악저작물, 영상저작물, 미술, 건축, 사진 등이 있습니다. 우리가 흔히 접하는 '방송뉴스'는 이 중 영상저작물에 해당되고, '뉴스사진'은 사진저작물, '뉴스기사'는 그 밖의 어문 저작물에 해당될 수 있습니다. 따라서 방송 뉴스나 뉴스 기사를 그대로 캡처해서 쓰면 저작권법 위반이 될 수 있지요.

단, 뉴스 중에서도 일기예보, 부고, 주식시세, 육하원칙에 따라 작성된 사건 사고 단신 등은 '사실의 전달에 불과한 시사보도'에 해당해서 저작권이 인정되지 않습니다. 별도 허락을 구하지 않고도 자유롭게 쓸 수 있습니다.

뉴스나 기사의 출처를 밝히면 되는 거 아닌가요?

뉴스나 기사의 출처를 밝히는 것만으로는 저작권자의 허락을 얻었다고 볼 수 없습니다. 출처를 밝히는 것은 당연히 지켜야 하는 의무사항이지, 저작권법 위반을 피해 갈 수 있는 면책 요건이 아니기 때문이죠. 따라서 출처를 밝혔다고 저작권법 위반을 피할 수는 없습니다.

뿐만 아니라 블로그나 게시판 같은 곳에 기사를 요약하거나 특정 분야 기사를 모아두는 경우도 있는데 이는 '복제권' 내지 '2차저작물작성권' 침해에 해당할 수 있으니 주의가 필요합니다.

그럼 뉴스나 기사는 이용할 수 없나요?

뉴스나 기사는 다른 자료보다 공익성, 비영리성을 추구하는 경우가 많습니다. 따라서 우리가 계속 등장하고 있는 '공정 이용'에 해당할 가능성이 높다고 할 수 있습니다. 즉 보도, 비평, 교육, 연구 등을 위하여 정당한 범위 안에서 공정한 관행에 합치된다면 저작권자의 허락 없이도 인용할 수 있다는 '공정 이용'의 상황에 들어맞는 경우가 생기게 되는 것이죠. 하지만 계속 강조한 것처럼 '공정 이용'은 결국 법원까지 가서 판단받는 것이기 때문에 뉴스나 기사도 미리 허락을 구하고 쓸 수 있다면 저작권자의 허락을 구하는 게 가장 이상적이겠습니다.

그럼 도대체 누구에게 가서 허락을 구해야 할까요? 뉴스는 업무상 저작물에 해당하기 때문에, 저작권자는 기자가 아닌 언론사입니다. 개인이 직접 언론사를 일일이 찾아가며 허락을 구할 필요 없이 뉴스의 경우 '한국언론진흥재단'이라는 뉴스저작권의 신탁관리단체가 있습니다.

따라서 뉴스를 사용해서 영상을 만들고 싶은 경우 '한국언론진흥재단'에서 뉴스 이용계약을 체결할 수 있습니다. 또한 뉴스 기사를 합법적으로 공유하고 싶을 땐, 언론사 홈페이지로 '단순 링크'를 걸어 두는 게 가장 깔끔한 방법이라 할 수 있습니다.

chapter 2

저작권 문제 없이 영상 만드는 법

11

정보 전달 영상에 예쁜 인포그래픽을 넣고 싶어요

깔끔한 정보전달 채널을 운영 중이에요. 간결하고 직관적으로 정보를 전달할 수 있는 인포그래픽을 활용하는 걸 좋아합니다. 예쁜 인포그래픽을 직접 만들기 어려워서, 웹에서 찾은 '무료' 인포그래픽을 사용하고 있어요. '무료'라고 되어 있어서 사용했는데 문제가 있는지 궁금합니다.

인포그래픽이란 정보를 간결한 그림 형태로 표현한 것을 말합니다. 일러스트, 도형, 표, 아이콘 등에 정보를 압축해서 보여주기 때문에 효율적이고 직관적인 정보 전달이 가능합니다. 특히 유튜브 영상과 같이 빠른 속도로 많은 양의 정보를 전달해야 하는 경우, 인포그래픽을 활용하는 것이 아주 효율적입니다.

매번 인포그래픽을 직접 제작하는 것이 쉬운 일이 아니어서 인터넷상에서 제공되는 인포그래픽을 구해서 사용하는 분들이 많으시죠?

앞서 살펴본 저작권 개념에 비추어 생각해 보면, 누군가가 만들어 놓은 저작물을 이용 허락 없이 사용하는 것이 저작권 침해에 해당할 가능성이 높다는 점은 이제 익숙하실 것 같습니다.

인포그래픽도 마찬가지입니다. 누군가의 노력으로 만들어진 인포그래픽은 그것을 만든 저작자에게 권리가 귀속됩니다.

당연히 사용 허락을 얻어 사용하여야 하고, 그렇지 않은 경우 저작권 침해에 해당할 수 있습니다.

인포그래픽 역시 '무료'라고 써 있다고 저작권법상의 문제가 해결된 것이 아닙니다. 사용 허락이 명시적으로 기재되어 있거나, 사전 또는 사후에 사용 허락을 얻은 것이 아니라면 '무료'로 얻은 인포그래픽 또한 저작권 침해의 소지가 있고 향후 분쟁에 휘말릴 가능성이 있습니다.

12

사진 따라 그린 것이 저작권 침해라구요?

저는 그림 채널을 운영하고 있어요. 제가 창작한 그림을 올리는 경우도 있지만, 잘 그린 그림을 따라 그리는 경우도 있는데요. 원작자를 분명히 표시하고 있고 제가 그린 그림이니 문제가 없는 것 아닌가요? 그리고 사진을 트레이싱해서 그린 것도 결국 제가 그린 그림인데 이런 것도 문제가 되는가요?

사진이나 다른 사람의 그림을 따라 그리는 트레이싱(tracing)의 경우에 대하여 살펴보겠습니다. 트레이싱은 '흔적을 따라가다'라는 뜻으로, 그림이나 디자인을 할 때

원작자의 원저작물을 아래에 놓고 투명 종이를 위에 올려 거기에 원본을 그대로 따라 그리는 기법을 말합니다.

최근 웹툰 작가가 유명 아이돌을 트레이싱해서 웹툰 등장인물을 그리거나, 사진 작가가 촬영한 사진을 무단으로 트레이싱해서 배경으로 사용한 일이 문제가 된 바 있습니다. 유명 만화《슬램덩크》의 작가도 NBA 경기 장면을 촬영한 사진을 베껴 그려 독자들의 비난을 받고 있는데, 이것도 유사한 문제입니다.

한국저작권보호원은 트레이싱에 대한 공식적인 기준을 제시하고 있습니다.

① 유사성이 없는 경우
② 아이디어만 얻은 경우
③ 저작권법으로 보호되지 않는 사진을 사용한 경우
④ 사실 전달만을 위한 시사보도 사진의 경우
⑤ 저작재산권이 제한되는 경우

트레이싱 기법을 사용해도 저작권을 침해한 것이 아니

라는 것입니다.

이러한 기준을 뒤집어 생각해 본다면 저작권물로서 보호받는 저작물을 단순히 아이디어만 얻는 정도를 벗어나 상당히 유사한 수준으로 따라 그리는 것은 저작권 침해에 해당한다고 볼 수 있습니다.

13

폰트 저작권

자막, 썸네일, 채널아트에 예쁜 폰트는 필수잖아요. 폰트 회사들이 저작권 관리를 철저히 한다던데, 어떻게 써야 안전한가요?

폰트는 창작자 혹은 폰트회사가 저작권을 갖고 있습니다. 유료 폰트인 경우 구매를 해서 사용해야 합니다. 무료 폰트인 경우라도 '이용약관' 등에 표시된 조건을 지켜서 사용해야 합니다. 폰트 회사들은 적극적으로 저작권을 행사하는 경우가 많습니다. 폰트 파일을 새로 다운받을 때는 주의를 기울이는 게 좋습니다.

따라서 유료인 폰트 파일을 구입·구독하지 않고 어둠의 경로로 구해서 사용하면 저작권 침해 책임을 질 수 있습니다! 더구나 저작권 침해인 줄 모르고 폰트를 설치했다고 해서 용서받을 수 있는 것도 아니에요. 영상을 '비공개'나 '제한공유'로 게시하는 경우도 마찬가지입니다.

개인 블로그나 홈페이지에 게시된 폰트 파일을 다운받을 때 특히 주의해야 합니다. 불법으로 공유되는 폰트 파일을 다운받아 설치하는 행위는 저작권법상 복제에 해당하여, 저작권 침해(복제권)에 따른 책임을 지게 됩니다.

무료 폰트인 경우도 이용약관상 '비영리·개인 목적 사용 가능'인데 수익을 내는 크리에이터가 사용한 경우, '인쇄용' 폰트를 이용해 영상을 제작한 경우, '기업 상징 사용 금지'인데 채널아트, 프로필, 썸네일 등에 고정된 로고로 사용할 경우 문제(약관상 사용방법, 조건 위반)가 될 수 있습니다. 무료 폰트라고 안심했다가 이 부분을 놓치는 경우가 있으니 특별한 주의가 필요합니다.

그렇다면 법적 책임이 발생하는 사례는 어떤 경우가

있을까요?

고용하고 있는 편집자·디자이너(스탭)가 폰트를 무단으로 썼다면 그 책임이 크리에이터에게 지워질 수 있어요. 다만, 크리에이터가 스탭들의 저작권 침해 행위를 방지하기 위하여 상당한 주의와 감독을 다했다면 책임을 면할 수 있습니다.

평상시 스탭들에게 정당한 프로그램을 이용하도록 장려하고, 교육 홍보를 적극적으로 시행했다는 증거들을 남겨 놓는 것이 좋습니다. 저작권법은 직원이 업무와 관련하여 저작권 침해 행위를 한 경우, 해당 직원을 처벌하는 것과 함께 회사도 처벌할 수 있도록 규정하고 있습니다(저작권법 제141조).

외주 디자이너의 편집본을 확인할 때, 디자이너가 보내준 폰트를 설치해서 확인을 한 경우라도 저작권자 허락 없이 설치했다면 저작권을 침해했다고 볼 수 있어요.

설령 정당하게 얻은 폰트라고 할지라도, 사용범위를 꼭 확인하세요! 어떤 폰트들은 '비영리·개인 목적'으로만 사용하도록 제한되어 있습니다. 상업용으로 사용할 수 없다면, 폰트를 사용한 영상으로 수익이 발생시키는 방법으론 쓸 수 없다고 보셔야 해요.

폰트회사로부터 경고장을 받았다면, '27편 저작권 침해 사실을 알았을 때 조치방법'에서 저작권 침해 또는 약관(이용계약) 위반 주장에 대응하는 방법을 확인하시기 바랍니다.

법적 책임이 발생하지 않는 사례는 이런 경우가 있습니다.

외주를 준 편집자가 영상이나 썸네일에 폰트를 무단 이용한 경우, 외주 디자이너가 폰트를 무단 이용하여 만든 로고를 채널아트에 삽입하거나 영상에 붙인 경우에는 크리에이터에게 책임이 발생하지 않습니다. 고용하고 있는 편집자와 달리 편집자가 독립적인 지위에서 독자적인 판단에 따라 작업을 한 경우이기 때문입니다. 따라서 이런 경우 외주 편집자에게 책임을 물을수 있습니다.

14

제 채널을 따라 하는 채널이 생겼어요

제가 고생해서 키운 채널이 있어요. 콘텐츠 아이디어 구상에 시간도 오래 걸렸고, 방송이 돋보이도록 편집하는 데도 신경을 많이 썼어요. 이제 누가 봐도 제 채널만의 스타일이 생겼다고 생각해요. 그런데 이런 스타일의 방송을 따라 하는 채널들이 생기기 시작했어요. 어떤 채널은 제가 쓰는 편집기법이나 자막까지 똑같이 따라해요. 너무 분한데, 문제를 삼을 수 없을까요?

SBS 리얼리티 예능방송 중에 '짝'이라는 프로그램이

있었어요. 기본적으로 데이팅 프로그램인데 합숙소인 '애정촌'에서 남녀가 모여서 짝을 찾는다는 컨셉이 재미있어서 큰 인기를 끌었답니다. 그런데 이 포맷이 인기를 얻자, tvN의 SNL이라는 프로그램에서 '짝'의 포맷을 활용한 꽁트를 선보였어요. SBS는 tvN을 상대로(정확히는 CJ E&M을 상대로) 저작권 침해를 주장했습니다.

법원은 리얼리티 방송 프로그램의 무대, 배경, 소품, 음악, 진행방법, 게임 규칙 등 다양한 요소들이 제작 의도나 방침에 따라 선택되고 배열되어 다른 프로그램과 구별되는 특징이 나타날 수 있다고 판단했습니다. 이러한 법원의 판단에 비춰본다면 방송 포맷이 그 자체로 독창성이 인정된다면 저작물로서 보호를 받을 수 있습니다.

다만, 위 '짝' 사건에서도 법원은 방송 프로그램의 독창성을 판단하는 기준을 제시하였을 뿐 결국 '짝' 프로그램 자체의 창작성을 인정하지는 않았기 때문에, 방송 포맷의 독창성을 최종적으로 인정받는 것은 상당히 어려운 것이라고 생각하셔도 되겠습니다.

15

콘텐츠 아이디어 카피

먹방, 브이로그, 하울 등 …. 같은 콘셉트, 비슷한 포맷 어디까지 괜찮나요?

앞에서 살펴본 TV 프로그램 '짝'의 저작권 침해 소송 사례를 좀 더 깊이 살펴보겠습니다. SBS '짝'은 일반인 남녀가 '애정촌'이라는 곳에 모여 함께 생활하면서 게임, 데이트 등을 통해 짝을 찾아가는 과정을 보여준 리얼리티 프로그램으로 큰 인기를 끌었죠.

이런 인기에 힘입어 CJ E&M에서는 '짝'을 패러디하여 tvN의 'SNL 코리아'라는 프로그램에서 재소자가 '애정촌'에서 짝을 찾으며 발생하는 과정에서 웃음을 유발하는 '짝 재소자 특집'을 방영하였습니다.

그뿐만 아니라 CJ E&M의 계열사인 넷마블에서는 게이머들이 '애정촌 던전'을 배경으로 게임 짝꿍을 찾는 '짝꿍 게이머 특집'도 제작하여 인기를 끌었습니다.

이에 SBS에서는 '짝 재소자 특집' 및 '짝꿍 게이머 특집'이 '짝'의 독창적인 장면들로 구성된 프로그램 요소들의 저작권을 침해하였다며 저작권 침해에 따른 손해 배상 청구소송을 제기하였고 치열한 법적 공방이 시작되게 되었습니다.

이 사건의 하급심 판결에서는 SBS가 주장하는 장면이나 포맷은 아이디어에 불과하거나 이미 다른 영상물에서도 사용되어 오던 것이므로 저작권을 인정하기 어렵다고 판단하여 방송 포맷이나 콘텐츠 아이디어의 저작권을 부정하는 듯했습니다.

하지만 위 사건 대법원 판결에서는 방송 프로그램은 무대, 배경 소품, 음악, 진행 방법, 게임 규칙 등 다양한 요소들로 구성되고 이러한 요소들이 제작 의도나 편집에 따라 배열됨으로써 다른 프로그램과 구별되는 창작적 개성이 있을 수 있다고 판단하였습니다. 즉 프로그램의 포맷도 저작권이 인정될 수 있다고 인정한 것이지요.

다만 '짝궁 게이머 특집'에 대해서는 '짝' 프로그램을 구성하는 핵심요소를 그대로 사용하여 실질적 유사성이 인정되어 저작권 침해를 인정한 반면, '짝 재소자 특집'에 대해서는 성인을 대상으로 한 코미디물로서 프로그램의 구성·성격·구체적 사건의 진행과 방법, 편집 등이 '짝'과 상당한 차이가 있다고 보아 실질적 유사성을 부정하여 저작권 침해를 인정하지 않았습니다.

인기를 끄는 유튜브 콘텐츠들은 몇몇 유형으로 카테고리화할 수 있습니다. 많은 양의 음식을 맛있게 먹는 '먹방', 일상을 소개하는 '브이로그', 쇼핑한 물건들을 보여주는 '하울', 메이크업 스킬을 전수하는 '뷰티' 등 여러 가지로 나눠볼 수 있을 것 같은데요. 이처럼 유튜브 영상에는 비슷한 컨셉, 유사한 포맷의 콘텐츠가 수도 없이 생산되고 있습니다.

저작권은 개인의 창작성이 담긴 표현을 보호할 뿐 그

내용인 아이디어는 보호하지 않습니다. 따라서 단순히 유명 크리에이터가 '케이크 먹방'을 진행하여 인기를 끈 것을 보고 다른 크리에이터도 '케이크 먹방'을 했다고 해서 저작권을 침해한 것으로 볼 수는 없는 것입니다. '케이크 먹방'이라는 주제는 추상적인 '아이디어'에 불과하기 때문이죠.

하지만 만약 특정 장소에서, 특정 브랜드의 케이크를, 특별한 방법으로 먹으며 특정 주제의 얘기를 나누는 콘텐츠를 독창적인 편집 방법을 통해 제작하였는데, 이와 동일하게 특정 장소·브랜드·주제·편집 기법까지 모방하여 영상을 제작했다면 이는 저작권을 침해한 것으로 볼 여지가 생기게 됩니다.

결국 영상의 콘셉트나 포맷을 저작권의 보호를 받지 못하는 아이디어로 볼 것이냐 저작권의 보호를 받는 표현으로 볼 것이냐에 따라 달라집니다.

유튜브 영상의 경우 대부분 방송 프로그램보다 영상 시간도 짧고 무대 배경, 소품, 촬영 기법 등에 제약이 있다는 점을 감안하면 유튜브 영상의 포맷 자체의 저작물성을 인정받기는 쉽지 않을 것 같습니다.

다만 콘텐츠의 표현 내용을 그대로 따라 하거나 구성 요소를 그대로 사용하여 영상을 제작하는 경우에는 실질적 유사성이 인정되어 저작권 침해로 판단될 수 있다는 점은 꼭 기억하시기 바랍니다.

16

요리, 레시피 카피

유튜브에서 나만의 레시피를 개발해 새로운 요리들을 선보이고 있습니다. '레시피'도 저작권으로 보호받을 수 있나요?

인기리에 방영되었던 '강식당' 프로그램에 등장한 메뉴와 레시피를 그대로 사용한 식당이 생겨 논란이 된 바 있습니다.

한 배달 음식 전문 식당은 '꽈뜨로 떡볶이', '니가가락 국수'와 같은 강식당 메뉴 이름을 그대로 따라 하거나 조금씩 변용해 사용했습니다. 이에 대해 해당 메뉴 레시피에 대한 저작권 침해나, 메뉴명에 대한 상표권 위배에 해당하는 게 아니냐는 논란이 일었죠.

강식당 제작진은 '강볶이', '강핏자'의 사업자등록을 냈지만 메뉴명은 별도로 특허청에 상표 등록을 하지 않았기 때문에 메뉴명에 대산 상표권 위배는 문제되지 않습니다. 그렇다고 해당 요리의 레시피는 저작권의 보호를 받는 게 아니냐는 논란이었습니다.

이에 강식당 측에서 굳이 대응을 하고 싶지 않다는 의견을 전해 사건은 일단락되었습니다. 하지만 누군가의 정성과 노력이 담긴 레시피에 대한 저작권을 인정해야 하는 게 아니냐는 의견도 많았습니다.

요리를 하는 영상을 올리며 레시피를 공유하는 '쿡방', 음식을 맛있게 혹은 많이 먹는 '먹방'이 대세 콘텐츠로 자리 잡으며 유튜브에서도 수많은 관련 채널이 운영되고 있습니다. 특히 백종원 대표의 유튜브 채널은 수백만의 구독자를 보유하며 큰 인기를 끌고 있죠.

그럼 이런 '쿡방'에 등장하는 레시피도 저작권의 보호를 받을 수 있을까요? 여러 차례 말씀드린 바와 같이 저작권은 '인간의 사상 또는 감정을 표현한 창작물'을 의미합니다. 따라서 요리 레시피를 공들여 만들었다고 이것은 아이디어에 해당할 뿐 사상이나 감정을 표현한 것이라 볼 수 없어 저작권의 보호를 받지 못하고 있습니다. 다만 재료나 무게 재료법 등에 대한 객관적인 정보 제공은 아이디어에 불과할지라도 요리 방법에 대한 평가, 생각, 소감 등이 가미된 경우, 혹은 요리 사진, 요리하는 영상 등은 저작권을 갖게 되지요.

즉 저작권법 제2조 제18호에서 "소재의 선택이나 배열 또는 구성의 창작성이 있는 편집물은 독자적인 저작물"로 보호하고 있기 때문에 요리책 속 사진의 배치나 설명을 그대로 사용하거나, 창작자가 직접 촬영한 영상, 사진 등을 무단으로 사용하면 법적 책임을 질 수 있습니다.

미국에서 있었던 요리 저작권 관련 유명 판례를 하나 소개해 드리겠습니다. 이 사건의 원고는 사업을 함께했던 파트너가 동업을 접은 뒤에 새로 가게를 열어 자신과 유사한 요리법으로 음식을 팔고 있다는 사실을 알게 되었습니다. 그래서 레시피에 대한 저작권 침해를 이유로 소송을 제기했습니다.

이에 미국 지방법원은 '프로볼로네 치즈를 사용하는 원고의 레시피와 모짜렐라 치즈를 사용하는 피고의 레시피는 같다고 볼 수 없어 레시피에 대한 저작권을 인정할 수 없다'고 판단한 바 있습니다.

미국에서도 국내와 마찬가지로 레시피가 순서나 재료를 설명하고 있을 뿐 창작성이 있는 표현물로 인정해 주지는 않은 것이지요.

타인이 만든 레시피를 활용해 요리를 하는 영상 등을 SNS에 공유하거나 유튜브 콘텐츠에 활용하려면 어떻게 해야 하나요?

타인의 레시피를 활용해 요리를 만들어 자신이 영상으로 촬영해 업로드하거나 해당 레시피를 가지고 가게를 여는 등 개인 사업에 사용해도 이것이 바로 저작권 침해에 해당하지는 않습니다. 재료의 종류를 조금 달리하거나 요리법에 대한 표현이 조금만 달라도 완전히 새로운 음식이 될 수 있어 법적으로 저작권 위반을 판단하기 매우 어렵기 때문이죠.

그럼에도 불구하고 정성 들여 만든 나만의 레시피로 다른 사람이 상업적 이익을 취하는 건 매우 불합리한 일입니다. 무엇보다도 내가 만든 음식을 공유하는 선하고 즐거운 문화인 '쿡방'을 이어가려면 레시피에 대한 존중과 최초 제공자에 대한 배려가 필요할 것 같습니다.

17

아이돌 안무 커버 댄스도 저작권 위반인가요?

댄스 커버 영상도 유튜브에 올리면 안 되는 건가요?

방송댄스를 가르치는 학원이 4인조 여성 그룹 '시크릿'의 '샤이보이' 안무를 이용한 댄스 교육 장면을 촬영해 해당 영상을 인터넷 게시판에 올렸습니다. 그러자 해당 안무를 제작한 안무가는 댄스 학원 측에 저작권 위반 소송을 제기했습니다.

이 사건에서 법원은 안무에 사용된 각종 동작의 요소를 개별적으로 분석하면 댄스 장르의 전형적인 춤 동작,

그리고 이미 공개된 여러 춤에서 발견되는 특징과 유사한 측면이 있다고 보았습니다. 그러나 이 사건의 안무는 노래의 전체적인 흐름, 분위기, 가사 진행에 맞게 종합적으로 재구성된 것이고, 4인조 여성 그룹 구성원의 각자의 역할(랩, 노래, 춤) 등에 맞게 춤의 방식과 동선을 유기적으로 구성하였으며, 기존에 알려진 춤 동작들도 악곡의 느낌에 맞게 상당한 창조적 변형이 이루어졌다고 보았죠.

그래서 이 사건 안무 역시 하나의 작품으로 인식된다고 봐서, 이 사건 안무는 전문 안무가인 원고가 노래에 맞게 적합한 일련의 신체적 동작과 몸짓을 창조적으로 배열한 것으로 원고의 사상 또는 감정이 표현된 창작물에 해당해 저작물이라 판단한 바 있습니다. [서울고등법원 2012.10.24.선고 2011나104668]

최근에는 유튜브에 K-POP 가수들의 댄스를 커버한 영상들이 많이 올라오고 있습니다. '커버'란 음악 분야에서 이미 발표된 노래를 다른 음악가가 다시 연주하거나 재녹음하는 경우를 뜻합니다. 따라서 댄스 커버라고 하면 다른 사람의 안무 춤을 따라 추는 것을 말하지요.

잠깐! 춤에 음악이 빠질 수는 없지요? 댄스 커버 영상에 사용되는 노래에 대해 저작권의 허락을 얻어야 한다는 점은 앞서 음원 저작권 부분에서 살펴본 바와 같습니다.

그런데 음원뿐만 아니라 안무 역시 저작권법 제4조 제1항 제3호의 '연극 및 무용 무언극 그 밖의 연극 저작물'에 속하는 저작물로 보호받을 수 있기 때문에, 유튜브에 댄스 커버 영상을 올리는 경우에는 안무 저작권도 주의해야 합니다.

2013년도에는 가수 싸이가 '젠틀맨'의 안무에 사용한 브라운아이드걸스의 '시건방춤'의 저작료를 정식으로 지불하여 안무 저작권을 활용한 바가 있었지요.

그동안 안무는 음악과는 달리 저작권에 대한 인식 없이 많은 사람들에 의해 사용되어 왔습니다. 물론 팬들의 댄스 커버 영상이나 길거리 공연과 같은 비영리 목적으로 사용되어 오기도 했지만 일부 학원에서는 수업에 활용하는 등 영리 목적으로 사용되기도 했죠.

요즘은 '○○챌린지'라고 해서 오히려 팬들의 댄스 커버 영상을 적극 장려하며 앨범 홍보에 사용하는 경우도 많습니다. 하지만 원칙적으로 안무 역시 저작권의 보호 대상이 될 수 있다는 점은 기억하시기 바랍니다.

그럼 안무 저작권 허락은 어디서 구하나요?

한국안무협회는 매달 일정한 사용료를 지불하면 협회에 등록된 안무들을 합법적으로 갖추고 있도록 시스템을 갖추고 있습니다. 우리가 익히 아는 싸이의 'I LUV IT'과 'NEW FACE' 등 걸그룹 안무들을 포함해 많은 히트곡의 안무들은 저작권 등록이 되어 있습니다.

K-POP의 인기 비결 중 하나가 안무, 즉 퍼포먼스도 큰 역할을 하고 있는 만큼 안무에 대한 창작성 및 저작물로서의 권리를 인정할 필요는 매우 커 보입니다.

18

스포츠 방송을 재송출하며 중계해도 되나요

유튜브 실시간 스트림은 영상을 실시간 상영하기 때문에 영구적으로 남는 것이 아니잖아요. 그래도 저작권 문제가 발생하나요?

결론부터 말하자면, 그렇습니다.

방송사 프로그램, 영화, 스포츠 방송 등을 실시간 스트림에서 내보내는 것뿐만 아니라 음악 등이 스트림 서비스 도중에 재생되는 것 또한 저작권 침해의 가능성이 있습니다.

유튜브는 모든 실시간 스트림을 검토하여 저작권 보호를 받는 실시간 방송 형태의 콘텐츠를 비롯한 제3자 콘텐츠와 일치하는지를 감시하고 있습니다. 이러한 스크리닝을 통해서 타인의 저작물이 식별될 경우 스트리밍을 중지하라는 경고를 발송하게 됩니다. 그럼에도 불구하고 방송을 진행할 경우 실시간 스트림이 일시적으로 중단되거나 종료됩니다.

만일 스트림에서 사용할 타인의 저작물의 라이선스가 있다면, 저작물 소유자에게 콘텐츠 ID를 통해 내 채널을 허용목록에 추가하도록 요청할 수 있습니다. 그러나 내 채널이 허용목록에 추가되지 않으면 제3자 콘텐츠 라이선스를 취득했더라도 실시간 스트림이 중단될 수 있다는 점을 기억해야 합니다.

지상파나 케이블 방송에서 제작한 프로그램을 채널에서 실시간 스트리밍 하려고 합니다. 제가 구독자도 많은데, 제 채널에서 다뤄주면 오히려 홍보도 되고 윈윈일 것 같아서요.

방송사에서 제작한 방송 프로그램은 원칙적으로 방송

사의 저작물로서 별도의 이용 허락을 얻지 않는 한 함부로 사용했다가 저작권 침해의 문제가 발생합니다.

이는 게임방송이나 게임영상인 경우도 마찬가지입니다. '원칙적으로는 허락을 받아야 한다'는 것을 잘 기억해두셔야 합니다.

그런데 게임 회사의 경우 게임 홍보 목적으로 게임영상 등을 방송에 활용할 수 있도록 사전에 허락을 하는 경우도 있습니다. 이런 경우 게임 회사가 제시하는 송출 조건을 준수하여 게시하기만 하면 큰 문제는 없을 것입니다.

아프리카TV의 경우 과거 영국 프리미어리그나 프리메라리가(라리가)의 중계권을 확보해서 BJ들이 재송출, 즉 자신의 채널에서 방영할 수 있도록 한 적이 있습니다. 이러한 경우 플랫폼인 아프리카TV에서 원저작권자와 저작권 문제를 해결한 것이기 때문에, 개인 BJ들은 자신의 방송에서 중계방송을 내보낼 수 있는 것입니다.

그러나 이러한 경우는 대개 해당 플랫폼에서 상영하거나 게시하는 것만을 허용하기 때문에, 유튜브 등과 같은 타 플랫폼에서 재송출하거나 영상을 업로드하는 것은 매우 주의해야 합니다.

이와 같은 경우 사전에 플랫폼에서 제공한 재송출 조건을 꼼꼼히 살펴보시는 것이 중요합니다.

19

온라인 캠퍼스 강의 영상

교육 목적이면 저작물 이용은 무조건 OK인가요?

사상 초유의 '온라인 개학'으로 수업을 준비하는 선생님들도, 컴퓨터 앞에 앉아 수업을 드는 학생들도 모두 정신없는 한 해를 보내고 있습니다.

특히 교실에서 직접 책을 읽고 칠판에 써가며 수업하던 방식이 익숙하신 선생님들에겐 온라인 학습 자료를 만드는 일이 만만치 않으셨을 것 같은데요. 특히 요즘 온라인 캠퍼스에 올린 강의 영상 일부를 캡처에서 유튜브에 올렸다가 저작권 침해에 따른 책임을 묻는 내용증명을 받는 선생님들의 사연이 인터넷에 소개되기도 했습니다.

강의·교육 목적으로는 저작물을 마음껏 사용할 수 있는데, 온라인 학습 자료를 만들며 저작권 침해를 하지 않기 위해서는 도대체 어떤 점을 주의해야 할까요?

저작권법 제25조 2항에 따르면 공표된 저작물을 학교 수업이나, 수업 지원 시에 이용할 수 있도록 하고 있습니다. 따라서 온라인 강의의 경우에도 저작물을 수업에 이용할 수 있는 것이지요.

하지만 온라인 강의의 경우 인터넷을 통해 공표된 저작물을 전송하는 경우도 있고, 강의 영상, 수업 자료 등이 광범위하게 전파될 수도 있기 때문에 보다 각별한 주의가 필요합니다.

회원 가입, 로그인 없이 볼 수 있도록 수업 영상을 제공해도 문제가 없을까요?

저작권법상 수업에 참여하는 선생님과 학생들에게만

저작물 이용이 허용됩니다. 그렇기 때문에 회원가입이나 로그인 없이 누구나 드나들 수 있는 환경이라면 아무리 강의 목적의 영상이라도 저작물을 이용하는 데 주의를 기울여야 합니다.

현재 EBS 온라인클래스 역시 로그인 및 회원가입을 통한 서비스를 제공하여 선생님과 학생들만 자료에 접근할 수 있도록 조치를 마련해 두고 있지요.

따라서 저작권법상 수업에 참여하는 선생님과 학생들에게만 수업 진행 과정에서 저작물을 활용하는 것을 허락한 것이기 때문에 만약 수업 중 저작물이 포함된 화면을 캡처해서 개인 SNS에 올린다거나, 저작물이 포함된 수업 영상 일부를 유튜브에 올린다면 이는 저작권 침해에 해당할 수 있습니다. 그러므로 저작물이 포함된 화면을 강의실 밖으로 함부로 유출해서는 절대 안 됩니다.

원격수업 진행, 원격학습자료 제작 시, 배경 음악을 사용해도 되나요?

만약 수업에 직접적으로 연관이 되는 것이라면 선생님

과 학생이 음원 일부를 이용할 수는 있을 것입니다. 하지만 단순히 흥미를 끌기 위한 음원 사용은 수업을 목적으로 사용한 것이라 보기 어렵습니다. 배경 음악을 사용하고자 하면 가급적 저작권이 만료되거나 자유롭게 사용 가능한 저작물을 검색할 수 있는 곳이 있습니다. 바로 한국저작권위원회가 운영하는 '공유마당'입니다. 이곳의 음원 등을 사용하는 것을 추천드리고 싶습니다.

시중에 판매되는 문제집이나 참고서를 원격 수업에 활용해도 되나요?

수업 진행을 위해 일부 발췌하여 사용하는 것은 가능하나 만약 원저작자의 경제적인 이익을 부당하게 침해하는 것은 허용되지 않습니다. 즉 문제집을 일부분씩 여러 차례 복사해서 아예 문제집을 대체할 수 있는 수준으로 만들어 사용한다면 이는 저작권자의 경제적 이익을 부당하게 침해한 것에 해당하겠지요.

만약 수업 과정에서 해당 교재를 거의 전부 복사에서 사용해서 본래의 교재를 구입할 필요가 없는 정도라면 이

것은 여러 교재를 수업에 활용한 것이 아니라 해당 교재를 복제한 것에 해당하게 되므로 이 경우는 저작권 위반의 책임을 질 수 있습니다.

20

굿즈 제작 판매

채널 운영이 잘 되고 있어서 굿즈를 제작해보려고 합니다. 검색해보니 크리에이터들이 마음이 앞서 굿즈를 만들었다가 분쟁에 휘말린 일들이 있더라고요. 굿즈 제작을 진행할 때 조심해야 할 것들이 있을까요?

'굿즈(goods)'란 특정 브랜드나 연예인 등이 출시하는 상품이나 드라마, 애니메이션, 팬클럽 등과 관련된 상품을 의미하는 말입니다. 유튜브 채널이 구독자들에게 사랑을 받게 되면, 채널을 상징하는 로고나 메인 콘텐츠 등을 활용하여 다양한 생활용품을 제작하여 판매하기도 합니다.

구독자들이 콘텐츠를 사랑하고 아껴주어 굿즈를 발매하는 단계까지 나아가게 된 점은 크게 축하받을 일이 분명합니다. 그러나 굿즈 제작 시 저작권 문제가 생길 수 있는 사안을 피해서, 기쁜 마음으로 추진하는 일을 그르치지 않도록 미리 준비하는 게 좋겠습니다.

문제가 빈번하게 발생하는 경우는 바로 디자인입니다. 굿즈를 만들면서 이미 시장에서 판매 중인 상품과 같거나 비슷하게 만들거나, 다른 크리에이터의 굿즈를 그대로 베끼는 일들이 벌어질 수 있기 때문입니다.

이에 대하여는 앞서 여러 차례 살펴본 것과 같이 저작권 침해는 '창작적인 표현 형식이 존재하는지', '창작적인 표현방법을 비교했을 때 실질적으로 유사한 부분이 존재하는지'에 따라 결정됩니다.

이와 관련해서 우리가 익숙한 '슈크레 토끼'를 카피한 인형에 관한 대법원의 판결을 한 번 살펴보겠습니다.

슈크레 토끼 인형 카피상품에 관한 판례

토끼를 사람 형상으로 표현한 것으로서 둥근 얼굴에 작고 둥근 눈 및 작은 눈과 대비되는 크고 둥근 코와 그 아래에 일자에 가까운 입 모양을 갖추고 있고, 귀는 긴 타원형으로 속살 같은 것이 보이는 형태로 되어 있으며, 팔과 다리는 길게 늘어뜨려 약간 휘어진 형태인데 손이나 발은 원형으로 되어 있어, 전체적으로 아무 표정이 없지만 느긋하고 귀여운 느낌을 주도록 도안한 것임을 알 수 있다. …(중략)… 그런데 이 사건 캐릭터는 흔히 볼 수 있는 실제 토끼의 모습과는 구별되는 독특한 형상으로서 창작자 나름의 정신적 노력의 소산으로서의 특성이 부여되어 있고 다른 저작자의 기존 작품과 구별할 수 있는 정도라고 보이므로 저작권법에 의하여 보호되는 저작물의 요건으로서의 창작성을 구비하였다고 할 것이다. 따라서 피고인이 원심판시와 같이 이 사건 캐릭터의 단순한 입체적 형상으로서 그 복제물 또는 2차적저작물에 해당하는 토끼인형을 무단으로 수입하여 국내에서 판매하는 행위는 이 사건 캐릭터에 대한 저작재산권의 침해에 해당한다.

대법원은 슈크레 토끼의 모습이 그 자체로 독특한 특성이 있다고 보아서 저작권이 보호된다고 보았고, 정품을 비슷하게 본따서 인형을 만드는 행위는 저작권 침해에 해당한다고 판단했습니다.

이렇게 채널에서 새로이 만들게 될 굿즈가 기존에 다른 제품의 디자인을 따라 만들거나, 그 디자인만이 가지고 있는 핵심적인 매력을 따라했다면 저작권법상 문제가 될 가능성이 높습니다.

뒤집어 생각하면 보편적인 특징이나 속성, 보편적인 제작기법을 따랐다면 저작권 침해를 주장하기 어렵다고 볼 수 있습니다. 즉, 창작성이 없는 부분만 유사하다면 저작권 침해가 아니라는 것입니다.

그러나 현실적으로 어떤 디자인을 참고하거나 본떠 만들거나, 상당히 유사한 디자인의 물건이 저작권을 침해했는지 여부를 판단하는 것은 매우 어렵습니다.

따라서 채널에서 제작하고자 하는 굿즈가 디자인 아이템이라면 사전에 충분한 조사를 해서 비슷한 제품이 없는지를 살펴보고, 판단이 어려운 경우 전문가에게 조언을 구하는 것이 복잡한 분쟁을 피하는 방법이 되겠습니다.

21

직캠, 팬캠, 콘서트 동영상 업로드

팬심에서 촬영한 콘서트 영상, 팬카페에 올려도 되나요? 직캠은 저작권 침해인가요?

무려 2000만 조회수를 훌쩍 돌파하며 EXID를 대세로 만든 하니의 직캠 영상, 빗물 속의 공연으로 8번이나 넘어져도 다시 일어나 무대를 마친 여자친구의 꽈당 직캠 영상….

이런 직캠 영상들은 K-POP의 부흥을 주도하고 있습니다. 직캠 영상은 가수의 인기와 노래 홍보에 큰 도움이 되기 때문에 소속사에서 이에 대한 제재를 하거나 처벌을 구하는 일이 드물었습니다.

콘서트 하면 바로 이분! 영원한 우리들의 오빠! 영원한 가왕! 가수 나훈아 씨의 콘서트 무대는 그 자체가 예술이라 할 정도로 무대 장치와 구성이 엄청나다고 알려져 있습니다. 나훈아 콘서트 티켓 오픈을 했다 하면 예매 시작 1분 안에 매진되는 상황이죠.

이 콘서트는 공연 중에 사전에 동영상 촬영, 사진 촬영을 엄히 금하고 있고, 방송사에서 공연 실황을 중계하는 경우에는 재방송도 금지할 정도로 영상 유출에 신경을 쓰고 있습니다.

그럼에도 불구하고 해외에서 이 콘서트 영상의 직캠이 무방비로 인터넷상에 돌아다니고 있어 문제가 되고 있습니다. 콘서트 직캠, 과연 팬심으로 촬영해서 소장하거나 혹은 팬카페 정도에는 올려도 되는 걸까요?

직캠은 '직접 캠코더로 찍은 동영상'의 약자로, 일반적으로 가수의 공연 실황을 직접 카메라로 촬영한 것을 뜻합니다. 요즘 워낙 스마트폰 카메라 성능이 좋아져서 누구나 좋아하는 가수, 연예인의 직캠, 직촬로 만족할 만한 결과물을 받아볼 수 있고, 심지어 가수의 음악 방송 출근길에는 전문적인 소위 '대포 카메라'를 들고 촬영하는 팬들도 심심치 않게 볼 수 있습니다.

하지만 이런 직캠도 원칙적으로는 저작권 위반에 해당합니다. 가수의 초상권, 노래 가사, 멜로디에 대한 저작권, 가수의 실연자로서의 권리, 무대 장치가의 미술 저작권의 권리에 대한 침해할 소지가 있기 때문이지요.

그렇지만 소속사 입장에서는 이런 직캠이 입소문을 탈 수 있는 효율적인 홍보수단이 되기도 하고, 또 팬들이 스타를 사랑하는 마음에 촬영하는 것이니만큼 이에 대한 적극적인 처벌에 나서고 있지는 않습니다.

그래도 이런 직캠 촬영은 엄연히 저작권 침해에 해당할 수 있습니다. 만약 이런 콘서트 영상을 무단으로 촬영해서 상업적으로 이용한다면, 그때는 소속사 측에서도 법적인 제재를 가할 수 있습니다.

한편 저작권법 제104조의6에는 영상저작물을 상영 중인 영화 상영관 등에서 저작 재산권자의 허락 없이 녹화

기기를 이용하여 녹화하거나 송신하여서는 안 된다고 규정하고 있습니다.

TV나 영화관에서 방송 화면을 개인이 직접 편집해 업로드하는 경우 저작권법 위반에 해당하나 온·오프라인 공연 촬영에 대해서는 명시적인 별도의 처벌 규정이 없다는 점을 지적하며, 콘서트 등 공연 현장에서 저작권자의 허락 없는 영상 촬영을 금지하는 내용의 일명 '아이돌 직캠 금지법'이 발의되었습니다.

이와 같이 법 개정까지 가지 못하더라도 기존 저작권법상으로도 음원 저작권, 초상권 등의 침해에 해당할 수 있다는 점은 꼭 기억해 주세요.

직캠을 촬영한 사람은 저인데, 제게도 직캠 영상의 저작권이 있는 것 아닌가요?

기본적으로 직캠 자체는 그 영상을 촬영한 촬영자의 저작물이 됩니다. 따라서 영상 저작권은 촬영자에게 돌아가게 되지요.

저작권법상 원저작물을 변형, 각색, 영상 제작 등의 방법으로 다른 창작물을 만드는 것을 2차 저작물이라고 합니다. 만약 직캠 영상에 독자적 촬영 기법 및 편집 기술이 반영되었다는 점이 인정되는 경우 직캠 영상은 원저작물인 콘서트 공연에 대한 2차 저작물이 될 수 있지요.

이렇게 제작된 2차 저작물은 독자적인 저작물로서 또 보호를 받을 수 있습니다.

그렇기에 직캠 저작권자의 동의 없이 자료를 공유하거나, 상업적으로 이용하는 경우 직캠 촬영자는 2차 저작물의 침해를 주장할 수도 있습니다.

그럼 직캠이 허용되는 경우는 없나요?

직캠은 음반 홍보에 도움이 되고 가수를 아끼는 팬들 간 교류의 장이 되다 보니, 콘서트 시작에 앞서 적극적으로 촬영을 권장하고 허용하는 경우도 있습니다. 따라서 이렇게 사전에 촬영을 허락하는 경우에는 직캠 촬영이 가능합니다.

뿐만 아니라 유튜브에서 직캠 콘텐츠는 정말 흔하게 찾아볼 수 있는데요. 직캠에 녹음된 음원은 원 음원 저작권자의 소유이기 때문에 해당 가수의 저작권이 인정되어 유튜브에 게재하는 직캠 영상으로는 촬영자가 수익을 얻을 수 없고 저작권자에게 수익이 돌아가고 있다는 점도 기억해 주세요.

chapter 3

소송과 분쟁
– 현명하게 대처하자

22

내용증명, 경고장 받았을 때 대응방법

내용증명이 뭔가요?

내용증명! 경고장! 이름만 들어도 뭔가 무시무시한 내용일 것 같고, 내가 뭔가 크게 잘못했을 것 같은 기분이 드시죠? 크리에이터들 사이에서 법무법인 이름으로 형사 고소와 벌금, 징역 등의 무시무시한 단어들이 나열된 내용증명을 받아 봤다는 얘기는 한 번쯤 들어보셨을 겁니다.

영상 자막에 사용된 폰트가 저작권을 침해했다며 막대한 배상 청구 및 형사 고소까지 불사하겠다는 내용증명을 받은 크리에이터 A는 크게 놀랐습니다. 해당 내용증명을 발송한 법무법인에 연락을 취하고 본인도 변호사를 알아보는 등 발을 동동 구르며 며칠을 보냈는데요.

사실관계를 제대로 파악해보니 해당 폰트는 영상에 사용된 적이 없고 스팸 메일처럼 무작위로 발송되는 내용증명에 쓸데없이 마음고생을 한 것이었지요.

반면 저작권이 침해된 이미지가 사용되었으니 시정 조치 및 배상을 하라는 내용증명을 대수롭게 생각하지 않았던 크리에이터 B는 결국 형사 고소장까지 받고 합의금을 지불했다고 하는데요.

내용증명, 도대체 어떻게 대응해야 하는 걸까요?

내용증명이 날아오면 무조건 겁부터 나게 됩니다. 하지만 내용증명이라는 문서 자체는 법원이나 수사기관에서 보낸 것이 아니라 나에게 어떤 권리를 주장하고자 하는 사람이 자신의 주장을 적어 우체국을 통해 발송한 것입니다. 즉 우체국에서 해당 내용증명에 담긴 내용의 문서를 어떤 날짜에 발송했다는 것을 증명해 주는 문서에 불과합니다.

내용증명은 실제로 법적조치를 취하기 전에 이런 위반 사항에 대해 시정 및 배상을 하라는 내용을 담고 있습니다. 민·형사상 책임을 묻겠다는 예고편을 보여주는 경우도 있고, 법적 조치까지 가지 않고 원만히 합의를 위해 원하는 조건을 적어서 보내는 경우도 있습니다.

내용증명은 아직 어떤 법적 판단을 받은 내용이 아니라, 상대방의 일방적인 주장이 담긴 것에 불과합니다. 하지만 만약 이후 소송까지 가게 된다면 해당 내용증명이 발송된 사실을 통해 지속적으로 저작권 침해 중지를 요청해왔고 피해 사실을 알렸다는 점이 재판에 반영됩니다. 그러므로 내용증명을 받았을 때 무조건 그냥 가볍게 넘겨서는 안 됩니다.

저작권을 침해했다는 내용증명을 받았다면 무엇부터 해야 하나요?

사실관계 조사가 먼저 이뤄져야 합니다. 보통 내용증

명 안에는 어떤 콘텐츠에 본인들이 저작권을 가지고 있는 이미지나, 영상, 폰트 등이 사용되었다는 내용이 담겨 있습니다. 그렇기 때문에 우선 본인이 업로드한 영상 등에 상대방이 주장하는 바와 같이 저작권 위반이 발생했는지 바로 조사하는 것이 필요합니다.

만약 유튜브 편집 등을 외주를 주었다면 바로 해당 업체에 이런 내용증명 수령 사실을 알리고 사실관계 파악을 요청해야 하겠죠.

그리고 만약 상대방이 저작권 침해를 주장하는 폰트, 이미지 등이 정당하게 비용을 지불하고 구입한 것이라면 이를 증빙할 수 있는 구매 내역을 준비해 두시는 게 좋습니다.

또한 무료 폰트, 이미지 등을 사용한 것이라면 무료 사용이 가능하다는 약관 등의 문서를 다시 한 번 확인해 보시기 바랍니다.

내용증명이 날아온 뒤 전화도 오는 경우가 있을 수 있습니다. 무작위로 발송되는 내용증명일 수도 있으니 섣불리 전화로 응대하기보다는 사실관계를 확인한 후 답변하는 편이 더 좋습니다.

저작권 위반 사실이 있다면 즉시 시정 조치를 해야 합니다. 서체나 이미지가 무료인 줄 알고 다운로드해서 사용했는데, 저작권을 위반했다는 내용증명이 와서 라이선스를 확인하니 상업적 용도로는 사용할 수 없는 것을 나중에야 알게 된 경우도 많습니다. 나도 모르게 저작권을 위반하게 된 것이지요.

이 경우 일단 저작권 침해 사실을 내용증명으로 통보받았다면, 더 이상 해당 폰트나 이미지를 추가로 사용하는 일이 없도록 해야 함은 물론이고, 기존 영상 등을 계속 활용하기 위해서 저작권자와 적절히 합의하는 것이 좋습니다.

저작권 위반 사안 중에는 실제로 법적 조치를 취해 소송까지 가는 경우보다 합의로 원만하게 해결하는 경우가 훨씬 많습니다. 적절한 사용료 지불을 통해 이전 영상에 대해서도 사용을 허락받을 수 있습니다.

다만 무작위 발송되는 스팸성 내용증명에는 대응하지 마세요. 내가 사용한 적도 없는 폰트가 내 영상에 사용되었다고 하거나, 내가 활용하지 않는 편집 프로그램을 쓰고 있다고 하는 경우는 무작위로 발송되는 스팸 내용증명이 확률이 매우 높습니다. 이런 내용증명은 사실 그냥 무대응하시면 됩니다.

오히려 이런 스팸성 내용증명에 어설프게 대응하는 경우 무차별 전화와 추가 내용증명 발송으로 귀찮아질 수 있으니 이 점도 유의하세요.

23

고소 고발 당했을 때 대응방법

경찰서에서 누가 저를 고소했다고, 조사를 받으러 나오라고 연락이 왔어요. 너무 당황스러운데, 어떻게 해야 하나요? 보이스피싱인 건 아닐까요?

고소를 당한 경우 보통 경찰서 수사관이 전화를 해서 출석을 요구하거나, 우편으로 출석요구서를 받게 됩니다.

이런 연락을 받으면 일단 어느 경찰서인지, 사건 번호가 무엇인지, 어떤 사람이 어떤 죄명으로 고소를 했는지를 확인해야 합니다. 가장 먼저 해야 할 일은 누가, 어느 영상 때문에, 어디에 나를 고소했는지를 파악하는 것이기 때문입니다.

수사기관(경찰, 검찰 등)으로부터 조사를 받는 사람(피고소인, 피의자)은 스스로를 지킬 권리가 있는데, 고소 요지를 알아야만 자신을 지킬 수 있습니다.

수사관이 요구한 날짜에 출석이 어렵다면, 사정을 설명하고 가능한 일정으로 조정할 수도 있습니다. 다만 납득하기 어려운 이유를 대며 출석을 차일피일 미룬다면 체포영장이 발부될 수도 있으니 주의해야 합니다.

형사사건이라면 초기에 전문가와 상의하는 것이 좋습니다. 사건의 실체를 파악하고, 죄를 인정하고 용서를 구할 것인지, 적극적으로 해명을 하고 억울함을 호소할 것인지 전략을 수립해 대응할 필요가 있기 때문입니다. 초기에 꼬인 사건을 뒤늦게 바로잡는 것은 생각보다 쉽지 않습니다.

경찰서 출석 전, 반드시 고소장을 복사하세요. 조사를 받으러 가기 전에 어떤 이유로 고소를 당했는지 파악하는 것이 무엇보다 중요합니다.

나에 대한 고소장은 수사 중인 경찰청 민원실에 방문하거나, 우편, 정보공개 인터넷 홈페이지(www.open.go.kr)에서 복사를 신청할 수 있습니다. 보통은 2~3일 이내에 고소장을 복사할 수 있습니다.

경찰 수사서류 열람·복사에 관한 규칙

3조(신청인 및 신청가능서류) ② 피의자·피진정인, 그 변호인은 필요한 사유를 소명하고 고소장, 고발장, 진정서의 열람·복사를 신청할 수 있다. 이 경우 고소·고발장, 진정서의 내용 중 혐의사실에 한정하고 개인정보, 혐의사실 중 참고인에 관한 사실, 증거방법 및 첨부된 제출서류 등은 제외한다.

제4조(신청의 접수) ① 제3조 각 항의 경찰 수사서류 열람·복사를 신청하고자 하는 경우 인터넷, 우편을 이용하거나 기타 당해 사건을 관할하는 경찰청 및 소속기관에 방문하여 정보공개청구의 방법으로 접수할 수 있다.

주소지에서 먼 곳에 고소가 접수됐다면, 집 근처 경찰서에서 조사를 받겠다고 말씀하세요.

형사 사건은 원칙적으로 피의자의 주소를 관할하는 경찰서에서 담당합니다. 그런데 고소인이 자기 편한 경찰서에 고소를 해서, 막상 조사를 받으러 가는 나는 장거리 이동을 해야 하는 불편이 생깁니다. 그 수사기관에 출석해서 조사를 받아도 되지만, 수사관에게 나의 주소를 알려주고 집에서 가까운 경찰서에서 조사를 받고 싶다고 말씀하셔도 됩니다(사건이송신청). 수사관에 따라서는 사건이송신청서와 주민등록등본 제출을 요구할 수 있습니다.

사건이 집 가까운 경찰서로 보내지면(이송), 해당 경찰서 소속 수사관이 조사 일정에 관하여 다시 연락을 해올 것입니다.

조사를 받은 뒤의 절차는 보통 이렇게 진행됩니다. 피의자 조사는 기본적으로 고소인의 고소장 기재 고소사실에 기초해서 진행됩니다. 출석 조사를 받을 때는 자신에게 유리한 증거들을 준비해 가면 좋습니다. 조사를 받으며 내가 한 말은 조서에 기재되는데, 조사가 끝날 무렵 조서가 맞게 작성됐는지 확인하는 절차가 있습니다. 많은 경우 검사나 판사는 이 조서에 적힌 글만 보고 나에게 죄가 있는지를 판단하기 때문에, 조서에 기재된 내용을 아주 꼼꼼하게 살펴보아야 합니다. 만일 내가 한 말과 다른 말이 적혀 있거나, 의도가 잘못 기재돼 있는 경우 적극적으로 수정을 요구해야 합니다.

경찰서에서 사건이 머물러 있는 동안 추가로 제출할 자료, 선처를 구하거나 억울함을 호소하는 탄원서, 법률 의견서 등을 추가로 제출할 수 있습니다.

경찰에서 수사가 마무리되면 담당 수사관이 검찰청으로 사건을 넘깁니다. 검사와 달리 경찰은 유무죄에 대한 판단을 하거나 재판에 넘기기로 결정(기소)을 할 수는 없습니다. 그렇지만 자신이 수사한 결과, 고소 사실에 대한 유무죄를 판단한 의견을 기재합니다.

검사는 원칙적으로 사건을 처음부터 꼼꼼하게 수사하지만, 경찰의 수사가 충분했다고 판단할 경우 추가로 조사하지 않고 재판으로 넘길지 말지를 결정합니다.

만일 검사가 재판으로 넘기지 않기로 하면(불기소 처분), 나는 고소당한 사실에 대한 죄가 없다고 봐도 무방합니다. 검사가 재판으로 넘기기로 하면(기소) 고소 사실이 범죄가 된다는 상당한 이유가 있다고 판단한 것입니다. 물론 재판에서 무죄로 판명날 수 있지만, 통상 기소된 사건의 무죄율은 5% 미만입니다.

24

민사소송 당했을 때 대응방법

갑자기 법원에서 등기우편이 왔다고 해서 보니까 '소장'이에요. 너무 당황스러운데, 소장이 왔을 때 초기에 어떻게 대응해야 하나요?

어떤 결과가 나오든 최소한 '대응하지 않은 완패'만은 당하지 않아야 하겠습니다.

소장이 나(피고)에게 우편으로 도착한 때 민사소송의 본격적인 절차가 시작됩니다. 소장은 보통 '안내문'과 같이 편지봉투에 들어 있는데요. 안내문을 읽어 보면 '30일

이내에 답변서와 증거서류를 제출하라'는 내용이 기재돼 있습니다. 소장을 받아보고 30일 이내에 대답을 하지 않으면, 법원은 원고가 말한 내용이 모두 맞다고 인정하는 판결을 내립니다. 이를 무변론원고승소판결이라고 합니다. 이런 일만은 막아야 하겠지요.

소장의 내용을 읽어 보고 자신의 입장을 적은 서면과 관련된 자료를 법원에 제출합니다. 이 기간 동안 변호사와 사건에 대한 상담을 하고 변호사를 선임해서 대응할지, 변호사 없이 스스로 대응할지 결정하시는 게 좋습니다. 사정상 변호사를 선임하지 않더라도, 변호사 상담을 통해 대응방법을 검토해 보시기를 추천드립니다.

법원에 문서를 제출할 때는 문서에 사건번호(예: 2020가단1234), 당사자(예: 원고 김철수, 피고 박영자), 재판부(예: 서울중앙지방법원 제1민사단독재판부)를 기재해서 내는 게 좋습니다. 법원 민원실에 방문해서 제출하거나 우편으로 제출합니다. 전자소송으로 진행되는 경우라면 온라인 홈페이지를 통해 파일을 제출합니다.

증거자료들은 원본을 제출하는 게 원칙이나, 분실의

위험이 있으므로 사본을 제출하고, 원본 여부에 대해 다툼이 있는 경우 원본을 제시할 수 있게 잘 보관해 두어야 합니다.

소장을 읽어 보니 어느 정도 인정하는 부분이 있어요. 재판은 오래 걸리고 복잡하다던데, 쉽게 끝내는 방법이 없을까요?

이렇게 소장에 적힌 내용에 어느 정도 수긍이 되는 경우가 있습니다.

그래서 간혹 소송절차에 대응하지 않고 방치하는 경우가 있습니다. 그런 경우 의도하지 않은 강제집행(이른바 '빨간 딱지')을 당할 수도 있고 하니, 적극적으로 인정할 부분을 인정하고 법원에 협상의 자리를 열어 달라고 요청할 수 있습니다.

바로 조정 절차를 이용하는 것입니다. 판결은 법원이 일방적인 승패를 가름해 주는 반면, 조정은 그야말로 원고와 피고가 합의를 보는 것입니다. 사과문을 게시한다거나, 배상해야 할 금액을 나누어서 갚는다거나 하는 등의 내용으로 서로 양보해서 사건을 마무리할 수도 있습니다.

판결보다 빠른 결과를 얻을 수 있다는 장점이 있습니다. 이러한 절차를 희망하실 경우 재판에 '조정절차에 회부해 달라'고 요청하시면 됩니다.

조정을 원할 경우 법정에서 말씀하시거나, 법원에 우편으로 '조정신청서'를 제출하시면 됩니다. 조정절차는 원고·피고와 조정위원이 작은 방에서 만나서 서로의 입장을 허심탄회하게 이야기하고 합의를 하는 방식으로 진행됩니다. 조정이 성공한다면 판결이 확정된 것과 동일한 효력이 있습니다.

조정 결과가 뒤늦게 마음에 들지 않는 경우라면 조정 정본(조정의 내용을 적은 문서)을 받은 후 2주 이내에 이의 신청을 할 수 있습니다.

소장 내용을 그대로 받아들이기는 너무 억울한데, 변호사를 선임하기는 금전적으로 부담스럽습니다. 도움을 구할 수 있는 곳이 없을까요?

우리나라는 대한법률구조공단이라는 기관에서 법을 잘 모르거나 경제적인 어려움으로 법의 도움을 충분히 받지 못하는 국민들에게 법률 서비스를 제공하고 있습니다. 대한법률구조공단은 사건이 단순하고 금액이 1천만 원 이하인 경우 소송서류를 무료로 작성해 주고 있습니다. 농·어민, 기초생활수급자 등은 무료로 법률 서비스를 이용할 수 있습니다.

중위소득 125% 이하의 국민 등은 저렴한 비용(대법원 규칙에서 정한 변호사 비용의 30%선)으로 공단 소속 변호사나 공익법무관의 도움을 받아 소송에 대응할 수 있습니다. 그 외에도 서비스 이용 자격에 대한 자세한 기준은 홈페이지에 있으니, 이용할 수 있는지 꼭 확인해 보세요. 홈페이지에서 찾기 어려우시다면 공단에 방문해서 상담을 신청하시면, 서비스 이용자격이 있는지 안내를 해줄 겁니다.

대한법률구조공단은 지역마다 지부를 두고 있으니, 가까운 지부나 인터넷을 통해 상담을 신청해 보세요.(홈페이지 https://www.klac.or.kr)

25

저작권 침해 사실을 알았을 때 조치방법

소송을 당했을 때 무대응이 나을까요? 아니면 빠르게 합의하는 게 나을까요?

앞서 살펴본 바와 같이 저작권 침해 내용증명을 너무 가볍게 여겨서는 안 됩니다. 저작권 침해 사실이 명백함에도 무대응으로 일관하다 형사 고소와 민사 소송 절차가 바로 이어질 수 있기 때문이지요.

내용증명 수령 후 사실 관계를 조사해 보니 저작권 침해 사실이 인정된다면 빠르게 이 부분에 대한 정정 조치

등과 함께 해당 업체와 합의를 시도하는 것도 필요합니다. 다만 섣불리 합의를 시도하다가는 부당하게 과도한 조건을 수용하게 되거나, 터무니없는 합의금을 지불할 수도 있습니다. 그러므로 적절한 방어권 행사를 위해 합의 과정에서 변호사의 도움을 받는 것을 추천드립니다.

저작권법 제125조에서는 손해액의 산정 기준에 대해 "침해자가 이익을 받은 액수" 또는 "권리자가 통상 받을 수 있는 금액"을 손해액으로 본다고 규정하고 있으므로, 변호사와 함께 합리적이면서도 객관적인 손해액을 산정해 적절한 합의금을 산정할 필요가 있습니다.

직원이 실수로 불법 폰트를 다운로드해서 사용했습니다. 직원 잘못이니 회사 차원에서는 잘못이 없는 것 아닌가요?

저작권법 제141조(양벌규정)에는 "법인의 대표자나 법인 또는 개인의 대리인, 사용인 그 밖의 종업원이 그 법인 또는 개인의 업무에 관하여 이 장의 죄를 범한 때에는 행위자를 벌하는 외에 그 법인 또는 개인에 대하여도 각 해당 조의 벌금형을 과하고, 다만 법인 또는 개인이 그 위반

행위를 방지하기 위하여 해당 업무에 관하여 상당한 주의와 감독을 게을리하지 아니 한 경우에는 그러지 아니 하다"고 규정되어 있습니다.

즉 회사는 저작권 침해 예방 교육 등을 수행하고, 직원들의 컴퓨터 등에 불법 소프트웨어나, 불법 폰트 등이 설치되지 않도록 저작권 위반 행위를 사전·사후 모니터링하는 등 상당한 주의와 감독을 기울였다는 점을 입증하지 못하는 한, 회사도 직원의 저작권 위반에 대한 책임을 함께 지게 됩니다.

직접 제작한 동영상이 아니라 편집 외주를 맡긴 영상이 저작권을 침해한 경우에는 어떻게 해야 하나요?

만약 해당 동영상이 직접 제작한 것이 아니라 외주를 맡긴 경우라면 저작권 위반에 대한 책임은 해당 외주 업체에게로 돌아갈 가능성이 큽니다.

이때 회사는 해당 동영상이 외주 업체를 통해 제작되었고 저작권 침해 등의 사실에 대해 본 회사는 전혀 알지 못했다는 항변을 해볼 수 있겠지요. 동영상 외주 제작 계약에 저작권 위반 등에 대한 면책 규정 및 보증 규정, 손해 배상 규정 등이 포함되어 있다면, 동영상 외주를 맡긴 회사 측은 보다 손쉽게 외주 업체 측에 책임을 물을 수 있습니다.

경우에 따라 만약 외주를 맡긴 회사 쪽에서도 저작권 위반 사실을 알고도 방치했거나 묵인한 사정이 있다면 회사도 책임을 피하기 어려운 경우도 있을 수 있다는 점도 기억해 주세요.

26

합의를 잘하는 법

합의를 하면 처벌을 안 받게 되는 건가요?

저작권 소송의 합의에 대한 사례를 살펴보겠습니다.

동영상 편집을 외주로 받아 대행하는 업체 A는 얼마 전 고객사의 연락을 받고 등골이 오싹해졌습니다. 유튜브 영상 편집에 사용한 사진들이 저작권을 침해했다며 법무법인으로부터 내용증명을 받았다는 것이었습니다.

고객사에는 걱정하지 말라고 큰소리를 쳤지만, 내용증명을 보낸 법무법인과 저작자를 찾아가 원래 요구받은 합의금에서 간신히 절반 정도에 합의를 보게 되었습니다. 미리 확인하지 못한 잘못이 있다고는 하지만, 합의금이 터무니없이 과도하다고 느꼈습니다.

저작권 침해에 대한 형사적인 구제방안으로 수사기관에 저작권 침해로 고소할 수 있다는 점을 말씀드렸지요. 그런데 이 저작권 침해행위는 대부분 저작권자의 고소가 있어야만 처벌할 수 있는 친고죄로 규정되어 있습니다.

따라서 만약 저작권 침해로 고소를 당해도 이후 합의를 통해 고소를 취하한다면 형사적인 제재를 받지 않게 되므로, 우선 합의를 통해 해결방안을 모색하는 경우가 많습니다.

적절한 합의금은 어떻게 정해지나요?

합의금이란 말 그대로 양 당사자가 합의를 통해 정해지는 것이기 때문에 어떤 법적 기준이나 상한·하한선이 정해져 있는 것이 아닙니다.

다만 일반적으로 고소를 당하게 되면 형사 절차에 들

어가게 됩니다. 이런 상황 때문에 심리적인 압박감에 휩싸여 무리한 합의 조건을 무조건 수용해 버리고 마는 경우도 많습니다.

하지만 저작권 침해로 보기 어려운 경우에도 여기저기 업체를 찔러보며 이른바 '합의금 장사'를 하는 일부 악덕 업체도 있습니다. 또한 고소를 당했다 하더라도 기소유예 처분이 나거나 형사 재판까지 가더라도 무죄를 받는 경우도 있습니다.

따라서 무리한 합의금을 요구하는 경우라면 반드시 변호사의 조력을 받아 사안의 심각성이나 위반의 중대성, 피해의 정도 및 피해액 산정을 통해 적절한 합의금을 역으로 제시하는 것도 필요하다는 점을 명심하시기 바랍니다.

chapter 4

유튜브를 운영하며 알아야 할 법률 상식

27

백만 구독자를 꿈꾸며, 채널명을 사수하자!

언젠가 골드버튼을 받을지도 모르는 내 채널!

채널명을 보호하려면 어떻게 해야 할까요?

'보겸이 보겸TV 채널명을 못 쓸 뻔한 이야기가 대단히 유명하죠?'

먼저 채널명은 '상표' 등록을 해서 다른 사람이 쓰지 못하도록 할 수 있어요. '상표'는 자기의 상품이나 서비스를 다른 사람의 상품과 구별하기 위해 사용하는 표식을 말해요. 상표 등록 업무는 변리사님들의 전문 영역이니,

채널명의 상표 등록을 희망하신다면 변리사 사무실에 연락을 해보시면 됩니다.

채널명을 상표로 등록하는 경우 등록한 날부터 반영구적으로 나만이 그 채널명을 쓸 수 있게 됩니다. 상표 등록의 힘은 10년 동안 유지되는데, 기간이 종료될 즈음에 다시 갱신할 수 있습니다.

채널명을 상표로 등록하면 어떤 효과가 있나요?

다른 사람이 내가 상표 등록한 채널명과 같거나 비슷한 채널명을 사용할 경우, 그것을 금지할 수 있습니다.

누군가 내 채널명을 쓰고 있다면 침해금지청구를 통해 사용을 멈출 것을 강제할 수 있고, 사용한 기간 동안 발생한 손해에 대한 배상을 청구할 수도 있습니다. 만일 그러한 조치가 급하게 필요하다면 법원에 가처분·가압류를 신청해 즉시 사용을 중지하도록 조치해달라고 하실 수도 있습니다. 침해금지청구는 시간이 다소 소요되는 반면 가처분·가압류는 비록 그 효력이 최종적인 것은 아니지만 매우 신속하게 결과를 얻을 수 있습니다. 이러한 절차는 변호사를 통해 도움을 받으실 수 있습니다.

내 채널이 아무리 수백만 구독자를 갖고 있더라도 상표 등록을 하지 않았다면 위와 같은 권리를 행사할 수 없습니다. 반대로 누군가 내 채널명으로 상표 등록을 했다면 내가 멀쩡히 운영하고 있는 채널에 대해서 "내가 채널명에 대한 상표 등록을 했으니, 당장 채널명 사용을 중단하고 손해를 배상하라"는 말을 할 수 있다는 것입니다. 앞에서 말한 보겸TV의 경우가 바로 그런 케이스지요!

아직 상표 등록을 하지 않았는데, 누군가 내 채널명으로 상표 등록을 하려고 한다면?

누군가 내 채널명으로 상표 등록을 하려는 시도를 알아차린 단계에 따라 나누어 살펴보겠습니다.

상표 출원은 했지만 출원 공고가 나기 전이라면, '정보제공제도'를 이용해서 "이 상표는 이미 등록되서 사용할 수 없다"는 내용을 제출하는 것입니다. 형식에 특별한 제한이 없으므로 특허청에 내가 채널명을 실제로 사용하고 있다는 내용을 자료와 함께 설명하면 됩니다.

이미 상표가 공고되었다면, 공고일로부터 2개월 내에 이의신청을 해야 합니다. 이의신청 기간을 놓쳐서 이미 상표가 등록됐다면, 본격적으로 특허심판원에 '무효심판'을 신청할 수 있습니다.

이와 같은 절차는 변리사의 전문영역으로 변리사 사무실에서 도움을 받으실 수 있습니다.

특히 이미 잘 운영되고 있는 유튜브 채널의 채널명이라면 "타인의 상품을 표시하는 것이라고 수요자들이 널리 인식하고 있는 상표(상표법 제34조 제1항 제9호)"이고 "상품의 품질을 오인하게 하거나 수요자를 기만할 염려가 있는 상표(같은 조항 제12호)"에 해당한다는 점에 기반해, 내 소중한 채널명을 훔쳐가려는 사람의 상표 등록을 무효화시킬 수도 있겠습니다.

이 과정에서 내가 운영하고 있던 채널의 구독자 규모, 영상 조회수, 검색 엔진에서의 노출도 등을 정리하여 내 채널명이 사람들에게 상표로 분명히 인식되고 있고 유사하거나 동일한 상표는 이용자들에게 오해와 혼동을 일으킬 수 있다는 점을 잘 설명하면 됩니다.

이렇게 상표 등록을 하면 채널명에 대한 권리를 독점적으로 행사할 수 있습니다.

28

뒷광고, 사기인가요?

한동안 유튜브를 떠들썩하게 만든 뒷광고, 도대체 그게 뭔가요?

2020년에는 유튜브의 먹방, 화장품, 패션 등 다양한 분야에 걸친 뒷광고 논란으로 큰 파장이 일었습니다.

'뒷광고'란 처음에는 크리에이터가 MCN 등 소속사에 통보하지 않고 광고를 받아 영상을 올려 광고비를 혼자 챙기는 행위를 말했습니다. 2020년 이후 이 말의 의미가 바뀌어, 크리에이터가 광고주로부터 돈을 받고 진행한 광고라는 사실을 명시하지 않고 광고가 아닌 영상처럼 표현해 시청자를 오인하게 하는 경우를 의미합니다.

광고가 아닌 자발적인 리뷰, 홍보 영상으로 여긴 시청자들은 허탈감을 감출 수 없었죠. 특히 크리에이터들이 뒷광고로 벌어들인 수입이 어마어마하다는 게 밝혀지면서 소비자들의 분노는 극에 달했습니다.

결국 뒷광고 논란이 불거진 크리에이터들의 퇴출 운동이 이어졌고, 몇몇 대형 크리에이터들이 결국 채널 운영을 중단하기도 했습니다. 소비자가 된 시청자들은 이들을 처벌해야 한다는 목소리를 냈습니다.

광고비를 받고 영상을 촬영해 제작했으면서 마치 직접 사서 구입한 제품을 객관적으로 리뷰한 표현한 크리에이터, 그리고 그 영상을 보고 제품을 구입한 소비자! 뒷광고를 한 크리에이터를 사기죄로 처벌할 수 있을까요?

눈만 돌리면 모든 것이 광고인 세상입니다. 유튜브의 영향력이 폭발적으로 증가하면서 광고 업계가 이를 놓칠 리가 없지요. 인기 크리에이터들에게는 너도 나도 광고를 의뢰하게 되었습니다. 대중과 친숙하게 소통하며 진솔한 모습을 보여주던 크리에이터들은 제품 광고용 영상을 마치 직접 구매한 제품을 리뷰하는 것처럼 영상을 제작해 엄청난 광고 효과를 거두는 일들이 일어났습니다.

과연 소비자들이 이들이 광고비를 받고 진행한 홍보 영상이라는 것을 알았다면 그 제품을 구매했을까요? 크리에이터의 리뷰 영상을 신뢰할 수 있을까요? 2020년에는 유튜브에 이 뒷광고 논란이 불거지며 업계에 엄청난 후폭풍을 가져왔습니다.

뒷광고는 처벌 규정이 없나요?

표시·광고의 공정화에 관한 법률 제3조에 따르면 사업자나 사업자 단체가 소비자를 속이거나, 소비자로 하여금 잘못 알게 할 우려가 있는 표시, 광고 행위로서 공정한 거래 질서를 해칠 우려가 있는 광고를 한 경우 2년 이하의 징역 또는 1억 5천만 원 이하의 벌금으로 처벌한다고 명시되어 있습니다.

하지만 이 법이 규제하고 있는 대상은 사업자입니다.

즉 광고주를 규제하고 있는 법률이기 때문에 뒷광고를 진행한 크리에이터에게 바로 적용할 수는 없는 것이지요.

만약 광고주가 크리에이터에게 광고를 의뢰하며 광고임을 표시하지 말고 제품을 직접 사서 리뷰를 진행하는 것처럼 제작해 달라고 했다면, 광고주는 위 조항을 근거로 처벌이 가능합니다. 또한 구체적으로 광고임을 표시하지 말라고 지시하지 않았더라도 해당 영상이 광고라는 것이 표시되지 않은 채 업로드된 것을 알고도 계속 방치한 경우에도 위 법 위반이 인정될 수 있습니다.

많은 시청자가 뒷광고를 한 크리에이터들에게 배신감을 느꼈고, 이들을 사기죄로 처벌해야 한다는 목소리도 커졌습니다.

하지만 뒷광고를 진행한 크리에이터에게 사기죄를 적용해 처벌하는 데는 무리가 있습니다.

사기죄는 상대방을 속이고 상대방이 이에 속아 어떤 행위를 하게 되어 이로 인해 상대방을 속인 사람이 재산상 이득을 취하는 경우 인정됩니다.

하지만 뒷광고를 진행하는 경우 해당 영상을 보고 유

뷰버가 직접 구입한 것으로 속아 피해자가 제품을 구입하면, 이로 인한 제품 판매 수익은 크리에이터가 아닌 광고주에게 귀속됩니다.

그렇지만 크리에이터가 사기죄라는 법적 책임을 지지 않아도 된다고 해서 윤리적인 책임까지 지지 않는 것은 절대 아니겠죠. 대중들과 함께하는 친근한 이미지, 솔직한 태도 등으로 인기를 얻은 크리에이터들은 시청자들의 믿음을 책임을 무거운 책임으로 느껴야 할 것입니다.

2019년 11월 공정거래위원회는 인플루언서를 통해 광고를 진행하고도 그 사실을 밝히지 않은 업체들에게 과징금 2억 6900만 원을 부과했습니다.

이후 크리에이터들의 뒷광고 논란과 이를 처벌해야 한다는 목소리가 커지자 2020년 9월 공정거래위원회는 SNS 광고에 대한 규제를 강화하기 위해 '추천 보증 등에 관한 표시광고 심사지침'을 개정했습니다.

개정 심사지침에는 각 매체별 광고 공개 방법에 대한 예시를 구체적으로 담았고, 인플루언서가 특정 상품 브랜드를 의도적으로 노출하거나 제품 정보 사이트를 링크하는 등의 행위도 추천·보증에 해당한다고 명시했습니다.

이번 개정을 통해 광고주와 크리에이터들 간에 경제적 이해관계를 명확하게 공개하고 기만 광고로 인한 소비자들의 피해를 예방할 수 있기를 기대해 봅니다.

29

유튜브 광고, 이렇게 하면 됩니다

부당한 표시 광고란 무엇인가요?

유튜브 뒷광고 논란이 휩쓸고 간 뒤 협찬, 광고 등의 문구를 정확히 표기하고 홍보를 진행하는 콘텐츠의 비중이 확연히 늘어났습니다.

하지만 아직도 'partnership with [브랜드명]', 'thanks to [브랜드명]', '[브랜드명] 고마워요'와 같은 모호한 표현을 하거나 영상 설명란이나 고정 댓글에 광고임을 표시해 광고라는 사실을 쉽게 확인하기 어렵게 해둔 경우가 있어 눈살을 찌푸리게 됩니다. 이런 모호한 표기로 광고임을 표기한 영상에는 이를 지적하는 댓글이 달리고 구독자가 줄어드는 등 그 후폭풍이 만만치 않습니다. 이런 부분을 놓치면 채널 이미지가 하락하고 공들여 만들어온 콘텐츠들의 신뢰성을 의심받을 수 있기 때문에 특히 주의가 필요합니다.

표시·광고의 공정화에 관한 법률은 소비자가 오인할 우려가 있고, 공정한 거래질서를 해치는 부당한 표시·광고행위를 금지하고 있습니다. 그 유형으로 ① 거짓·과장, ② 기만, ③ 부당하게 비교, ④ 비방적인 표시·광고가 있습니다.

소비자의 구매선택에 중요한 사실을 은폐·축소하여 표시·광고하는 경우에는 기만적인 광고에 해당할 수 있습니다. 크리에이터가 특정 제품을 사용하는 모습을 보여주며 리뷰를 진행하는 영상의 경우, 사실상 광고인지 아니면 진실한 후기인지가 소비자가 구매를 결정하는 중요한 요인이 됩니다. 사업자로부터 경제적 대가를 지급받아 사실상 광고인 영상을 제작해 공개하고서 그 사실을 알리지 않은 경우 ② 기만적인 광고에 해당할 수 있습니다.

또한 실제 경험한 것과 다른 내용을 마치 자신이 경험하거나 체험한 사실인 것처럼 추천·보증했다면 ① 거짓·과장 광고에 해당합니다. 전문적 지식을 가진 추천·보증인이 자신의 합리적인 판단과 맞지 않음에도 '전문적 판단'인 것처럼 추천·보증하는 경우에는 ② 기만적인 광고에 해당할 수 있으니 주의가 필요합니다.

광고라는 사실을 어떻게 표시하면 되나요?

광고주로부터 금전적인 대가를 받고 자신이 사용하거나 체험한 상품 및 서비스의 효능 및 효과가 좋다고 평가하거나 구매를 권장하는 내용을 포함하는 경우 반드시 광고주와 경제적 이해관계가 있음을 표시해야 합니다. 인플루언서, 크리에이터가 상품이나 브랜드를 널리 알리려고 의도적으로 반복적으로 노출하며 브이로그 콘텐츠를 제작하는 경우도 경제적 이해관계를 표시해야 합니다.

현금을 지급받거나 할인권 적립금 등 금전적 대가를 받은 경우는 물론, 상품을 무료로 제공받거나 무료 대여

받은 경우, 공동구매 진행을 통해 수익 분배를 약속받은 경우 모두 경제적 이해관계가 있는 경우에 포함됩니다.

이때 경제적 이해관계가 있음을 표시하기 위해서 '광고', '금전적 지원', '상품 협찬' 등 쉽고 명확하게 경제적 이해관계가 있음을 인식할 수 있도록 표시해야 합니다.

구체적으로 영상에 어떤 방식으로 경제적 이해관계를 밝히는 게 좋을지 아래의 예시를 참고해 주세요.

첫째, 접근성이 있어야 합니다.

광고 표시는 소비자가 쉽게 볼 수 있는 위치에 표시해야 합니다. 사진, 동영상 안이나 게시물의 제목 또는 첫 부분이 소비자가 쉽게 찾을 수 있는 위치가 되겠죠?

• 적절한 표시 •

영상 내(유튜브 등)

영상 위 배너(유튜브 등)

반대로 '더보기'와 같이 추가로 클릭해야만 표시를 확인할 수 있는 경우, 게시물 본문 중간에 표시하여 다른 내용과 구분되지 않는 경우, 댓글에 표시하는 경우, 별도의 페이지를 통해 확인하도록 하는 경우는 적절한 위치에 표시한 것이라 보기 어렵습니다.

• 부적절한 표시 •

제목에 표시하였으나 표시문구가 생략된 경우

영상 내(유튜브 등)

영상 위 배너(유튜브 등)

둘째, 인식 가능성을 높여야 합니다.

소비자가 쉽게 알아볼 수 있는 방법으로 표시하는 게 바람직합니다. 즉 배경이나 다른 글자색과 구분되는 색을 사용하거나 큰 글씨로 표현하는 게 좋습니다.

셋째, 명확성이 있어야 합니다.

광고주와 다양한 형태의 경제적 이해관계가 있을 수 있기 때문에 이를 사실 그대로 쉽고 정확하게 표현하는 것이 핵심입니다. 수수료를 받았으나 '상품 협찬'으로 표시하는 것처럼 실제와 다른 내용을 표기하거나 무료로 상품을 지원받은 것을 '할인받아' 구매했다고 하는 것처럼 경제적 대가를 실제보다 축소하여 표시하는 것도 부적절합니다.

30 MCN 계약 시 주의사항

MCN이 뭔가요?

요즘 초등학생들의 장래희망 1순위가 바로 크리에이터라고 합니다. 이처럼 우리나라에서 크리에이터의 영향력이나 인기는 정말 대단합니다. 유튜브 사용자가 날로 증가하며 1인 기업이라 할 정도로 영향력이 커진 채널들이 등장했습니다.

이에 따라 개인이 혼자 촬영, 편집, 홍보, 광고를 담당하기에는 역부족인 상황에 이르게 되었지요.

이런 상황에 맞춰 유튜브, 아프리카TV 등의 플랫폼에 콘텐츠를 제공하는 크리에이터들과 제휴해 제작 지원, 저작권 관리, 홍보 등을 담당하고 수익을 공유하는 MCN(Multi Channel Network) 기업들이 등장하게 되었습니다.

유명 크리에이터들은 대부분 이런 MCN에 소속되어, 연예인이 기획사의 지원을 받아 활동하는 것처럼 MCN의 조력을 받으며 활동을 하고 있습니다. 그뿐만 아니라 MCN이 직접 크리에이터를 발굴하기도 하는 등 MCN의 영향력이 매우 커지고 있습니다.

2019년 유명 크리에이터가 자신이 속한 MCN과의 갈등을 이유로 유튜브 중단을 선언하자, 크리에이터와 MCN과의 불공정 계약 이슈들이 불거지며 많은 관심을 받게 되었습니다. 특히 계약서상 유튜브 수익 배분 문제, 채널의 귀속 문제, 과도한 위약금 등이 큰 문제가 되었습니다.

이후 해당 크리에이터는 계약 무효를 주장하며 MCN과 소송전을 벌였고, 민사소송 가처분에서 크리에이터의 주장이 받아들여져 유튜브 활동을 이어갈 수 있게 되었습니다.

MCN과의 계약 시 어떤 부분을 유의해야 할까요?

수익을 어떤 비율로 나눌지는 정하기 나름이지만, 크리에이터와 MCN의 수익 배분은 보통 8:2, 7:3 정도로 알려져 있습니다. 지원의 정도, 홍보의 비중, 크리에이터의 역량 등에 따라 수익 배분 비율은 달라질 수 있으므로 사안별로 달리 정해야 합니다.

수익을 배분하는 만큼 MCN이 어떤 지원을 해줄 수 있는지 확인해야 합니다. 편집자, 촬영팀, 소품 구입비, 메이크업, 의상비 등 콘텐츠 촬영을 위한 예산 및 해당 비용의 부담 주체 등은 명확히 정해 두시기 바랍니다.

또한 콘텐츠와 채널의 소유권도 명확히 해야 합니다.

채널 초창기부터 MCN에 의해 발굴되어 전략적으로 키워진 크리에이터가 아닌 이상, 본인이 혼자 운영하던 개인 채널이 성장해 MCN의 제안을 받아 계약을 하게 되는 경우가 대부분입니다. 그러므로 해당 콘텐츠의 소유권이 누구에게 있는지에 대해 계약서에 명시해야 합니다. 잘못하다가는 계약 종료 이후 채널의 소유권 및 콘텐츠를

MCN 회사에 넘겨줘야 상황도 발생할 수 있기 때문입니다. 계약서에서 채널 및 콘텐츠 소유권을 반드시 확인하세요.

계약 해지와 문제 발생 시 손해배상 책임도 따져 봐야 합니다. 계약 기간은 얼마나 되는지, 중간에 계약을 해지하는 경우는 어느 때인지, 계약 해지 시 손해배상 책임이 발생하는지 꼼꼼하게 따져봐야 합니다. 또한 콘텐츠로 인해 제3자로부터 소송 등을 당하는 경우 책임의 귀속 문제 등도 살펴봐야 합니다.

어떤 경우가 불공정 계약인가요?

2020년 1월, 공정거래위위원회는 주요 MCN과 크리에이터 간의 불공정 계약 유형들을 시정하도록 했습니다. 공정거래위원회가 불공정하다고 본 조항들은 크게 7가지 경우였습니다.

① 계약 기간의 자동 연장

② 추상적인 사유로 계약 해지 가능

③ MCN의 크리에이터 콘텐츠 임의로 수정, 삭제권

④ 채널, 브랜드를 임의 사용

⑤ 과중한 손해배상 의무 부담

⑥ MCN의 귀책 여부와 관계없는 크리에이터의 모든 책임 부담

⑦ 부당한 재판 관할 합의

주요 MCN들은 공정거래위원회가 약관을 심사하는 과정에서 불공정 조항을 자진해서 시정했다고 합니다.

주요 불공정 조항 및 시정 이유를 살펴보면 앞서 살펴본 MCN 계약 체결 시 유의해야 할 사항으로 말씀드린 내용도 담겨 있습니다. 이는 MCN 계약 체결 시 어떤 부분을 주의해서 살펴보아야 하는지 파악하는 데 도움이 될 수 있습니다.

상대방에게 의사를 확인하는 절차 없이 별도로 계약 종료 의사를 표시하지 않으면 그 기간을 자동으로 연장하도록 하는 것은 원치 않는 계약 관계가 이어질 수 있어 불

공정합니다. 이런 조항들은 계약 만료 전에 별도로 계약 만료를 고지하고 의사를 확인하도록 시정되었습니다.

'회사 이미지에 손상을 끼친 행위를 한 경우' 등과 같은 추상적인 이유로 계약을 별도로 최고 절차 없이 계약을 해지할 수 있게 하는 것은 MCN 측의 자의적인 판단에 따라 계약이 종료될 수 있고, 크리에이터에게 시정 기회도 주지 않고 있어 불공정하므로 계약 당사자의 책임으로 계약을 해지하는 경우에도 그 내용을 알리고 사전에 알리는 것으로 권고했습니다.

크리에이터의 콘텐츠를 MCN이 수정·삭제할 수 있도록 한 조항에 대해서는 그 사유를 구체적으로 열거하여 정해두도록 했습니다.

크리에이터의 채널 이름, 로고, 배경 디자인, 프로필 등은 사전에 동의를 받고 사용할 수 있는 것으로 하도록 시정 권고했습니다.

위약금의 약정은 손해배상 예정의 개념으로 할 수는 있지만, 위약금 외에 상대방에게 손해배상도 청구하게 한 부분은 부당하다고 판단했습니다.

MCN의 귀책 여부와 관계없이 해당 채널, 콘텐츠로 법적 분쟁이 발생한 경우 크리에이터에게 모든 책임을 전가하게 한 조항은 사업자의 귀책이 없는 경우에만 크리에이터가 책임을 지도록 하는 것으로 바뀌었습니다.

모든 분쟁의 재판 관할을 서울중앙지방법원으로 정했던 부분에 대해서는 민사소송법상 관할 법원으로 시정 권고했습니다.

31

명예훼손, 모욕

명예훼손은 어떤 경우에 성립하나요?

구독자 수와 조회수가 크리에이터의 수입을 결정하게 되다 보니 일부 크리에이터들은 영상 내용과 상관없는 자극적인 썸네일이나 제목을 사용하기도 합니다. 또한 사람들의 이목을 끌고 조회수를 높이기 위해 타인에 대한 폭로를 주요 콘텐츠로 하는 '폭로성 유튜브' 채널들이 주목을 받게 되면서, 각자의 유튜브 채널에서 서로를 비방하다 명예훼손·모욕죄 등에 대한 고소로 법정싸움까지 이어지는 경우도 발생했습니다. 이와 같이 크리에이터들이 가해자가 되는 경우뿐만 아니라 크리에이터들이 악플이나 성희롱 댓글에 시달리며 명예훼손이나 모욕의 대상이 되는 경우도 종종 발생하고 있습니다.

특히 "공인에 대한 비방은 국민들의 알 권리가 있기 때문에 허용된다", "유튜브는 국내에 서버가 없어서 악플을 달아도 누가 단 것인지 찾을 수 없다" 등과 같은 잘못된 루머가 돌면서 유튜브 세계에서 명예훼손, 모욕이 빈번하게 발생하고 있어 주의가 필요합니다.

우리 형법은 공연히 사실을 적시하여 사람의 명예를 훼손한 사람을 처벌하고 있습니다(형법 제307조 1항).

물론 공연히 허위의 사실을 적시하여 사람의 명예를 훼손한 경우에는 더 중한 처벌을 받게 됩니다(형법 제307조 2항).

크리에이터들의 경우 주로 인터넷을 이용한 명예훼손이 문제되는데 정보통신망법 제44조 및 제70조에 따르면 정보통신망을 이용하는 자가 사생활 침해, 명예훼손 등 타인의 권리를 침해하는 정보를 정보통신망에 유통하는 것을 금지하고 있고, 사람을 비방할 목적으로 정보통신망을 통하여 공공연하게 사실 또는 거짓의 사실을 드러내어 다른 사람의 명예를 훼손한 자를 처벌하는 규정을 두고 있습니다.

유튜브의 경우 그 특성상 인터넷을 통해 불특정 다수에 공개되기 때문에 명예훼손의 처벌 요건 중 공연성은 문제되는 경우가 거의 없습니다. 또한 앞서 설명드린 것처럼 언급한 내용이 거짓인 경우뿐만 아니라 사실인 경우에도 그 처벌 수위에 차이가 있을 뿐 해당 발언이 그 사람의 사회적 평가를 저하시킬 만한 것이라면 명예훼손이 인정될 수 있습니다.

그 사람 이름을 말한 건 아닌데 명예훼손이 될까요?

명예훼손은 피해자가 누구인지 특정되어야 처벌이 가능합니다. 다만 피해자를 특정하기 위해 반드시 그 사람의 이름이나 단체 명칭이 명확히 표현되어야 하는 것은 아닙니다. 인터넷상에서 비방할 목적으로 특정 닉네임이나 아이디를 언급하며 사실을 적시하여 명예훼손을 하는 경우라도 다른 정황들을 종합하여 살펴보았을 때 그 닉네임이나 아이디를 사용하는 사람이 누구인지 알 수 있는 경우 명예훼손으로 처벌할 수 있습니다.

즉 얼굴을 공개하고 있지 않은 유튜브 채널 운영자에 대한 명예훼손 발언일지라도, 다른 SNS 등을 종합해 해당 유튜브 운영자가 누구인지 알 수 있는 경우 명예훼손이 성립할 수 있습니다. 또한 이른바 폭로성 유튜브에서 실명을 언급하지는 않더라도 전체적인 내용이나 다른 댓글들을 통해서 피해자가 특정된 경우라면 처벌의 대상이 될 수 있다는 점도 꼭 기억하시기 바랍니다.

비방할 목적으로 그런 발언을 했는지는 어떻게 판단하나요?

법원은 인터넷상 명예훼손으로 처벌하기 위해서는 사람을 비방할 목적을 갖고 그런 발언을 한 것이어야 하며, 이때 사람을 비방할 목적이 있는지는 당해 적시 사실의 내용과 성질, 공표가 이루어진 상대방의 범위, 표현의 방법, 그 표현 자체에 관한 제반 사정 등을 감안함과 동시에 그 표현에 의하여 훼손되거나 훼손될 수 있는 명예의 침해 정도를 비교, 고려하여 결정하여야 한다고 하고 있습니다.

결국 사안별로 달리 판단될 수 있겠지만, 자극적인 폭로성 콘텐츠의 경우 근거 없는 소문을 사실인 것처럼 엮어 놓았다면 타인을 비방할 목적이 인정될 가능성이 높습니다.

그럼 알 권리가 인정되는 경우는 언제인가요?

형법은 공연히 사실을 적시하여 명예를 훼손한 경우에도 그것이 진실한 사실로서 오로지 공공의 이익에 관한 경우에는 처벌하지 않는다고 하고 있습니다.

즉 그 내용의 전체 취지를 살펴볼 때 중요 부분이 객관적 사실과 합치하고 적시된 사실이 객관적으로 볼 때 공공의 이익에 관한 것으로 행위자도 주관적으로 공공의 이익을 위하여 그 사실을 적시한 경우에는 처벌하지 않는 것으로 규정하고 있는 것이지요.

유튜브에서의 명예훼손이 주로 문제되는 정보통신망

법이 적용되는 명예훼손의 경우, 법원에서는 적시된 사실이 공공의 이익에 관한 것일 때는 비방할 목적이 부정된다고 보고 있습니다. 또한 그 사실이 공공의 이익에 관한 것인지는 피해자가 공인인지 사인인지, 표현이 객관적으로 국민이 알아야 할 공적 관심 사안인지, 표현 방법, 동기 등 여러 사안을 고려해 판단해야 한다고 밝히고 있습니다.

이와 관련하여 크리에이터가 악성 댓글 등에 시달리며 명예훼손의 피해자가 되는 경우 크리에이터가 공인인지가 쟁점이 될 수 있습니다. 결국 사안별로 구독자 수, 활동 기간 등의 제반 사정이 종합적으로 고려해 재판부가 개별적으로 판단하게 될 것으로 보입니다.

모욕죄는 명예훼손과 또 다른 건가요?

명예훼손과는 별개로 우리 형법은 공연히 사람을 모욕한 자를 처벌하고 있습니다(형법 제311조). 여기서 모욕이란 '모멸적인 언사를 사용하여 타인의 사회적 평가를 경멸하는 추상적인 판단을 표시한 경우'를 뜻합니다. 쉽게 얘기해 욕설 섞인 표현을 하는 경우 모욕에 해당한다고 볼 수 있습니다.

판례에서는 욕설뿐만 아니라 '추잡한', '한심한', '거지 같은' 등의 용어를 사용하여 모욕적인 글을 게시한 경우 모욕죄를 인정한 사례도 있습니다.

한편 크리에이터로서는 인터넷 신조어 등을 사용할 때도 주의가 필요한데, 본인은 별 의도 없이 사용했다 하더라도 모욕적인 의미로 사용되는 경우가 있습니다. 특히 사회적으로 논란이 되어 비난의 대상이 될 수 있으므로 늘 다른 사람에 대한 표현이나 본인의 언사를 조심해야 합니다.

명예훼손, 모욕죄로 상대방을 고소하고 싶습니다. 무얼 준비해야 하나요?

우선 증거 자료 등을 캡처·녹음·녹화하여 수사기관에 고소하여야 합니다. 가해자의 인적 사항이 확보되지 않은 경우라 할지라도 수사기관에서 IP 등을 통해서 신원을 확인할 수 있습니다. 피해자 측에서 가급적 상세하게 증거

자료를 확보한 후 고소를 진행해야 수사기관도 좀 더 원활하게 가해자를 특정해 수사를 진행될 수 있습니다.

뿐만 아니라 명예훼손은 반의사불벌죄이고 모욕죄는 친고죄이기 때문에 수사 진행 과정에서 가해자가 합의를 요청하는 경우가 많습니다. 수사 과정에서 합의를 통한 적절한 피해 보상을 받을 수도 있습니다.

한편 요즘 특히 연예인 등 유명인에 대한 명예훼손이 문제되는 경우 기획사 측에서 합의 없이 무조건 처벌받게 하겠다는 강경한 태도를 보이는 만큼, 자극적인 소재로 유튜브 홍보를 하려다가 명예훼손으로 되려 처벌받는 일이 없도록 각별한 주의가 필요합니다.

32

외주와 직원의 차이, 스탭 고용 시 주의사항

인사

편집작업은 외주를 줬어요. 자유롭게 일할 수 있도록 최대한 배려했거든요. 사무실 공간도 구해 주고요. 한동안 같이 일하다가 사정상 더 이상 같이 하지 못하게 됐는데, 이 외주 편집자가 퇴직금을 요구해 왔어요. 외주작업자는 직원이 아니니 퇴직금을 줄 필요는 없지 않나요?

'직원을 고용하면 많은 책임이 따라서 골치 아픈 반면, 외주를 맡기면 대등한 사업자로서 서로 터치할 일 없으니 법적으로 깔끔하다'고 생각하시는 경우를 많이 봅니다.

이런 이유로 편집·촬영 등 스탭들을 직원으로 두지 않고 외주 용역을 맡기기도 하는데요. 그렇다면 '직원'과 '외주'의 차이는 어디에서 오는 것일까요?

사람을 고용하는 것은 사용자에게 노동법에 따른 각종 권리·의무가 발생합니다. 반면 외주를 맡기는 것은 하나의 일을 맡기는 것(용역, 도급)으로 그 일을 마무리하는 것에 대한 권리관계만 존재하지 일을 하는 사람과는 무관한 것이 큰 차이입니다.

그러나 일에 대한 계약인 척하면서 사람을 부리는 일을 방지하기 위해, 법원은 계약의 이름과는 상관없이 일하는 모습의 실제 모습에 주목합니다. 따라서 어떤 사람과 편집 외주 계약을 체결했는데 실제로는 직원처럼 일을 시키고 있다면, 체결한 계약의 형식에도 불구하고 그 사람은 노동법상 '직원(근로자)'으로 판단됩니다.

> 대법원 2006. 12. 7. 선고 2004다29736 판결 외 다수
>
> 근로기준법상의 근로자에 해당하는지 여부는 계약의 형식이 고용계약이니 도급계약인지보다 그 실질에 있어 근로자가 사업 또는 사업장에 임금을 목적으로 종속적인 관계에서 사용자에게 근로를 제공하였는지 여부에 따라 판단하여야 한다.

그렇다면 직원과 외주의 차이가 없나요? 어떤 기준으로 차이를 판단하나요?

우리 법원은 일하는 사람이 근로기준법에서 정하는 근로자여서, 고용한 사람이 여러 책임을 져야 하는지 여부에 대해 여러 가지 기준을 두고 종합적으로 판단하고 있습니다.

대표적으로 10개의 기준이 있습니다.

① 일의 내용을 일을 맡긴 사람이 정하고, 복무규정을

적용받으면서 상당한 지휘 감독을 받는가.

② 일을 맡긴 사람이 일해야 하는 시간과 일할 장소를 정하고 일하는 사람이 그에 구속되는가.

③ 일에 쓰이는 비품이나 재료, 도구를 누가 제공하는가.

④ 일하는 사람의 판단 아래 다른 사람에게 자신의 일을 대신하도록 할 수 있는가.

⑤ 일에 따르는 이익과 손실에 대한 부담을 지는 관계인가.

⑥ 일에 지급되는 대가가 '일을 해주었다(근로)'는 그 자체에 대한 성격인지, 기본급이나 고정급을 정해 두었는가.

⑦ 지급한 비용에 대한 근로소득세 원천징수를 하는가.

⑧ 일을 계속적으로 하고 있는가.

⑨ 현재 맡은 일을 하느라고 다른 일을 하기가 어려운 상태인가.

⑩ 4대보험 등의 처리를 어떻게 하였는가.

조금 더 세부적인 기준에 대해서는 다음 체크리스트로 파악해 보세요. 체크된 것이 많을수록 직원(근로자)이라고 판단될 가능성이 높습니다.

일을 시작한 계기	- 일을 맡기는 사람이 먼저, 주도적으로 사람을 구했다. - 일을 맡기는 사람이 일에 필요한 자격, 능력, 결격사유 등을 정해 두었다. - 근로계약서를 작성했다.
일의 결정권한	- 일의 성질이 기존에 일하고 있는 사람들의 작업과 독립적이지 않다. - 일이 다소 독립적이긴 하지만, 전체 작업과 섞여서 딱히 분리해내기 어렵다. - 일하는 사람에게 일의 내용을 결정하고, 처리하는 방법에 자유가 주어지지 않았다. - 일하는 사람에게 일을 받을지 말지, 일정을 변경할지 등에 대한 결정권이 없는 편이다.
일의 지휘 감독	- 일에 대한 교육을 진행했다. - 일의 진행상황에 대한 보고를 받고 있다. - 일의 퀄리티에 대한 평가가 이루어지고 있다. - 일의 퀄리티가 달성되지 않을 경우에 대한 패널티가 있다. - 사내 전산망에 대한 접근권한을 주었다. - 사원증을 주었다.

근로시간, 장소의 구속	- 근무장소를 정해 두었다. - 출퇴근 시간을 정해 두었다. - 결근하거나 지각을 하면 패널티가 있다. - 조퇴, 외출을 하려면 허락을 받도록 해두었다. - 일을 쉬려면 허락을 얻도록 해두었다.
취업규칙 또는 인사규정	- 다른 직원들에게 적용되는 복무규정, 매뉴얼 등을 동일하게 적용하고 있다. - 이 일을 맡기는 사람들에게 적용되는 규정들을 별도로 만들어 두었다. - 복장이나 애티튜드에 대한 매뉴얼을 정해 두고, 지키도록 한다.
근로관계의 계속성	- 기간을 길게 정한 계약을 했거나, 기간별 또는 프로젝트별 계약을 했더라도 반복해서 갱신하고 있다. - 재계약을 위해서 일정한 평가기준을 두고 평가를 하고 있다.

따라서 어떤 사람을 뽑아서 어떤 일을 맡기려고 하는데, 그 일의 처리에 대해서 내가 상당한 주도권을 가지고 지시와 감독을 하고자 한다면 직원(근로자)를 채용해 노동법을 준수해야 합니다. 일을 맡긴 사람에게 일 처리에 대한 상당한 자율성을 부여하고, 그 일에 대해서만 협업을

진행하려고 하는 경우라면 외주를 맡기는 방법, 즉 용역계약을 체결하는 것이 맞겠지요?

계약의 형식을 외주 용역계약으로 했더라도, 일은 실질적으로 직원에게 시켰다면 근로기준법상의 책임을 질 수 있습니다.

33

스탭으로서 당당하게 일할 권리

편집·촬영 외주를 받아서 일했는데, 크리에이터가 약속한 돈을 주지 않아요.

전화, 카톡, 이메일로 독촉을 해도 반응이 없다고요? 그럼 이제 "법대로 하자"고 외칠 때입니다.

가장 쉽게 할 수 있는 '지급명령신청'이란 것이 있습니다. 돈을 받을 사람에게 그럴 만한 이유가 있다고 판단되면, 법원에서 곧바로 '돈을 갚으라'는 명령을 내리는 절차입니다. 소송에 비해 저렴하고 빠르게 처리된다는 장점이 있습니다.

이때 '나한테는 돈을 받을 만한 이유가 있다'는 것을 자세히 설명하고, 증거자료들을 첨부해야 합니다.

인터넷 강국답게 온라인으로 신청할 수 있습니다! 절차가 낯설 수도 있지만 인터넷을 찾아보면 신청서 쓰는 방법을 자세히 소개한 글들이 많아서, 천천히 따라하시면 충분히 할 수 있습니다. 이웃집 변호사의 콘텐츠를 참고하셔도 좋아요.

지급명령 신청은 '대한민국 법원 전자소송'을 검색하시고, 홈페이지에서 서류제출 - 지급명령신청서 메뉴에서 하시면 됩니다.

무엇보다 중요한 건 작업을 시작하기 전에 작업의 내용과 페이를 구체적으로 정하는 것입니다. 정식 계약서를 쓰는 게 가장 좋고, 그러기 어렵다면 카톡이나 문자, 전화 녹취 등으로 최대한 자세하게 기록을 남겨 두세요.

특히 크리에이터 특성상 채널명이나 닉네임으로만 확인하는데, 비즈니스 관계가 성립되는 순간 '본체'를 확인해두는 게 중요합니다. 적어도 신분증이나 사업자등록증

사본을 요구하시고, 전화번호, 주소 등의 정보도 받아 두세요.

채널명이나 닉네임만 가지고는 법적 절차를 진행하는 데 어려움을 겪기 쉽습니다.

정식으로 민사소송을 제기하는 방법도 있습니다. 지급명령신청과 마찬가지로 대한민국 법원 전자소송 시스템을 이용해 온라인으로 직접 할 수 있습니다. 어렵게 느껴진다면 변호사와 같은 전문가의 도움을 받는 것도 좋습니다.

지급명령 신청은 대한민국 법원 전자소송 홈페이지에서 서류제출 - 민사 서류 - 소장 메뉴에서 하시면 됩니다.

다만 한 가지 알아 두실 것이 있습니다. 많은 분이 승소를 하면, 법원에서 채무자의 돈을 뺏어서 바로 내게 준다고 오해하곤 합니다. 그러나 승소는 '이제 당신은 상대방의 재산을 강제로 빼앗아올 수 있는 힘이 있습니다'는 것을 확인해 주는 것에 불과합니다. 실제로 상대의 재산에서 내 돈을 받기 위해서는 상대방의 통장에 있는 현금이나, 집, 차 등에 '강제집행'이라는 추가적인 법적 절차를 거쳐야 합니다.

지급명령신청이나 소송을 하더라도 채무자가 우편물을 받아볼 수 있는 주소지가 필요합니다. 채무자의 주소를 모를 때는 법원에 '이름, 휴대폰 번호'를 제출하고 통신사에 인적정보를 조회해 달라는 신청을 할 수 있습니다. 예전 주소를 알고 있는 경우라면, '이름, 주소'를 제출하고 주민등록등본을 떼어볼 수 있도록 해달라고 신청할 수 있습니다.

법인의 경우 법인 등기부를 출력해보고, 법인 주소로 먼저 보내고 반송될 경우 대표자의 주소지로 발송해달라고 요청합니다. 채무자의 이름, 주소, 연락처를 확보해두는 것이 왜 중요한지 아시겠죠?

편집자로 고용됐어요. 크리에이터가 스리슬쩍 월급날을 넘기거나, 월급 일부만 줘서 곤란해요. 가끔은 밥 사주는 걸로 퉁치자고도 해요. 이게 정상인 건가요?

이런 일을 겪을 경우 "대표님, '임금지급의 4대 원칙'을 어기셨어요"라고 말해 봅시다.

급여는 ① 현금(화폐)으로, ② 근로자에게 직접, ③ 약속한 급여 전액을, ④ 정기적으로(월 1회 이상) 지급되어야 합니다. 따라서 밥이나 물건으로 대신하거나, 근로자에게 받을 돈이 있다며 일방적으로 통보하거나, 약속한 날짜를 어기고 주는 것은 모두 위법입니다.

월급이 밀렸거나 위와 같은 원칙을 어기고 지급한 것을 '임금체불'이라고 해요. 우리나라 근로기준법은 임금체불을 하는 사장님들을 강력하게 처단하고 있습니다. 그럼 어떻게 응징할 수 있을까요?

먼저 지도앱에서 '고용노동청'을 검색해 사업장 가까운 곳을 찾아갑니다. 고용노동청에 신고(진정, 고소)를 할 수 있습니다. 임금체불을 한 대표에 대한 형사처벌을 해달라는 요청을 국가에 하는 것입니다. 임금체불은 3년 이하 징역, 2천만 원 이하 벌금이 부과됩니다.

신고를 받은 고용노동청은 대표자를 소환해 조사를 진행하고, 근로자에게는 '체불임금확인원'이라는 문서를 발급해줍니다.

이 '체불임금확인원'을 가지고 앞서 살펴본 지급명령

신청, 민사소송 등을 제기해 돈을 받을 수 있습니다.

월 평균 급여가 400만 원 미만인 경우 '대한법률구조공단'이라는 곳에서 무료로 변호사 등의 도움을 얻어서 이런 소송절차를 진행할 수 있습니다! 가까운 '대한법률구조공단'의 위치를 확인해 보세요.

34

안전한 공동채널 운영

Q

저는 친구와 채널을 운영하며 PD로서 역할을 하고 있어요. 제가 아이디어를 기획하고 촬영을 하고, 친구는 출연해서 제가 쓴 대본을 이용해 방송을 만들고 있습니다. 다만 친구가 디자인이나 개그 센스가 좋아서 편집은 친구가 하고 있어요. 저는 사실 제가 더 중요한 역할을 하고 있다고 생각하는데요. 이런 경우라면 나중에 저희가 만든 영상에 대한 권리가 어떻게 되는 것인가요?

'저작물을 창작한 사람'이 저작물을 가집니다(창작자주의). 우리 법원도 "저작물의 작성과정에서 아이디어나 소재, 필요한 자료를 제공하는 관여를 한 사람은 저작자가 아니다"라는 입장입니다.

대법원 2009. 12. 12. 선고 2007도7181 판결

2인 이상이 저작물의 작성에 관여한 경우 그 중에서 창작적인 표현 형식 자체에 기여한 자만이 그 저작물의 저작자가 되는 것이고, 창작적인 표현 형식에 기여하지 아니한 자는 비록 저작물의 작성 과정에서 아이디어나 소재 또는 필요한 자료를 제공하는 등의 관여를 하였다고 하더라도 그 저작물의 저작자가 되는 것은 아니며, 가사 저작자로 인정되는 자와 공동저작자로 표시할 것을 합의하였다고 하더라도 달리 볼 것이 아니다.

따라서 리서치를 한 사람, 아이디어를 낸 사람, 교정을 봐준 사람은 저작자가 아닙니다. 나아가 제작비를 지원해 준 사람, 제작을 의뢰한 사람 역시 저작자가 아닙니다. 다만 제작비를 지원해 주며 계약을 통해 완성된 저작물에 대한 권리를 가져갈 수는 있어요.

이와는 다르게 '공동저작물'이라는 개념이 있어요. '2인 이상이 공동으로 창작한 저작물로서 각자의 이바지한 부분을 분리하여 이용할 수 없는 것'을 말합니다(저작권법 제2조). 대표적으로 작곡가와 작사가의 관계를 떠올리시면 쉽습니다. 만화 스토리 작가와 그림 작가를 생각하셔도 되고요.

이때 위에서 살펴본 것과 같이 '단순히 아이디어를 제공한 경우'는 저작자로 인정받을 수 없기 때문에 실질적인 창작행위에 참여했다는 것이 중요합니다.

공동저작물의 경우 저작권은 공동으로 귀속되며 저작자 전원의 합의에 의해서만 행사할 수 있습니다. 다른 저작권자의 동의가 없으면 자신의 권리를 남에게 줄 수도 없습니다.

공동저작물로 발생한 이익은 별도의 특약이 없다면 창작에 이바지한 정도에 따라 각자에게 배분됩니다. 이 경우 각자의 이바지한 정도가 명확하지 않다면 균등한 것으로 추정합니다. 따라서 공동저작물의 경우 공동저작자들 사이에 수익 배분 비율을 미리 정해 두는 것이 좋습니다. 정식 계약서를 작성하기 어렵다면, 공동저작자 상호간의 이익 배분 비율을 의논을 하고 의논한 것을 간단하게 기록하여 나중에 분쟁이 발생하는 것을 예방하는 용도로 사용하는 것이 좋습니다.

따라서 위 질문의 경우 단순히 아이디어를 제공했다면 저작권자로서 인정받지 못하겠지만, 촬영을 담당하고 있어 창작활동을 같이 했기에 공동저작자로 인정될 가능성이 높습니다.

그러나 기여도에 대한 생각이 다르다면 공동 저작자와 상의해서 미리 향후 수익에 대한 배분비율을 정해 두는 것이 좋겠습니다.

35

크리에이터가 마주하게 되는 법률 관계들

영상을 제작하고 유튜브에 업로드하며 채널을 운영하는 과정에서 유튜브 크리에이터는 다양한 법률 관계를 맺게 됩니다. 채널을 구독하는 시청자들과의 관계, 플랫폼을 제공하는 업체와의 관계, 회사에 소속되는 경우에는 MCN과의 관계, 업무의 일부를 외주를 주는 경우 제작팀과의 관계, 그리고 광고주와의 관계 등이 대표적입니다.

이렇게 다양한 법률 관계를 맺어가는 과정에서 권리도 얻을 수 있지만 동시에 의무 또한 주어지게 됩니다. 그러므로 하나하나 신경을 써야 합니다. 영상을 제작하고 이를 통해 수익을 얻는 과정에서 크리에이터는 본인이 제작한 영상 그리고 채널에 대한 권리를 갖게 됨과 동시에 의무도 부담하게 되는 것이지요. 이런 다양한 법률 관계 속에서 크리에이터들은 어떤 점들을 특히 유의해야 할까요?

첫째, 크리에이터와 시청자와의 관계에서는 아래와 같은 문제들을 유의해야 합니다.

크리에이터와 시청자는 일 대 다수의 관계로, 시청자는 크리에이터가 만드는 콘텐츠의 소비자가 됩니다. 그러므로 크리에이터는 소비자를 통해 수익을 창출하는 일종의 판매자로 볼 수도 있습니다. 이 과정에서 크리에이터에게는 본인의 콘텐츠의 제작 과정, 내용, 결과물 등에 대한 적법성에 대한 책임이 뒤따르게 되지요.

물론 크리에이터가 상품, 서비스를 판매, 광고하는 경우라면 판매자로서 허위 과장 광고를 하지 않을 책임은 물론 제조물 책임법, 식품위생법, 전자상거래 등에서의 소비자 보호에 관한 법률에 따른 의무도 부담하게 됩니다.

둘째는 크리에이터와 플랫폼과의 관계입니다.

크리에이터는 유튜브와 같은 플랫폼에 콘텐츠를 업로드 함으로써 해당 플랫폼 업체와 관계를 맺게 됩니다. 즉 이 과정에서 크리에이터는 플랫폼의 이용자로서 플랫폼의 이용약관을 준수해야만 합니다. 만약 크리에이터가 플랫폼이 정한 이용약관, 정책 등을 위반하는 경우 플랫폼으로부터 다양한 재제를 받을 수 있습니다.

대표적인 것이 바로 '노란 딱지', 즉 광고 부적합 처분입니다. 유튜브 운영 기준에 위배되는 콘텐츠에 노란색 동그라미 안의 달러 아이콘입니다. 수익 창출이 목적인 크리에이터에게는 커다란 타격이 아닐 수 없습니다. 또한 채널 정지, 삭제 등과 같은 치명적인 제재를 받을 수도 있습니다. 이때 플랫폼의 자체적인 제재 조치와 크리에이터의 법 위반에 따른 법적 책임은 별개라는 점도 꼭 기억해 두셔야 합니다.

셋째, 크리에이터와 MCN과의 관계입니다.

통상적으로 크리에이터는 스스로 콘텐츠를 제작하는 점을 전제하므로 일반 연예인과 소속사의 관계와는 차이가 있습니다. 하지만 많은 사람이 크리에이터와 MCN의 관계는 연예인과 소속사의 관계와 유사한 것으로 이해하고 있지요. 실제로 이들의 법적 관계 또한 제작된 콘텐츠의 활용과 관리 수익 창출이 핵심적인 부분이 된다는 점이 공통적인 특징입니다. 따라서 가입 계약 해지, 수익 배분, 계약 위반에 따른 위약금 지급 등을 둘러싸고 다양한 법적 분쟁이 발생할 수 있게 됩니다. 연예인 전속계약에 대해 알아보면 크리에이터와 MCN 사이의 계약에 대해서도 이해하기 쉽습니다.

우리 법원은 연예인 전속계약의 법적 성격에 관하여 "매니저가 연예인의 출연 협상, 광고료 책정, 공연일정 조정 등 연예활동에 관련된 업무를 전반적으로 관리하는 등 연예 업무의 처리에 관한 서비스를 제공하고 연예인은 그 계약상의 매니저를 통해서만 연예활동을 하여야 하며 그를 통하지 않고 직접 또는 제3자를 통해서는 연예활동을 하지 않을 의무를 부담하는 것을 주요 내용으로 하는 계약" 이라고 판단했습니다.

이를 통해 볼 때 크리에이터와 MCN과의 관계 역시 크리에이터가 콘텐츠 창작 및 활동 관련 제반 업무의 처리를 MCN에게 맡긴다는 점에서 민법상 위임계약(민법 제680조), 크리에이터는 MCN과의 계약을 통해 일정한 콘텐츠를 완성할 의무를 부담한다는 점에서 민법상 도급계약(민법 제664조), 크리에이터는 일정 부분 관리 감독을 받게 되고 창작 및 활동의 대가를 MCN으로부터 수령하며 다른 MCN에게 같은 내용의 노무를 제공하는 것은 허용되지 않으므로 민법상 고용계약(민법 제655조)의 성격을 띤다고 볼 수 있습니다.

이 과정에서 앞서 살펴본 바와 같이 수익 배분, 지원 내용, 콘텐츠 채널의 소유권, 계약 해지 및 손해배상 책임에 대한 내용을 명확히 정해 두어야 이들 관계의 법적 권리와 의무에 대한 분쟁을 피할 수 있을 것입니다.

넷째, 크리에이터와 제작팀과의 외주 관계입니다.

크리에이터는 편집자, 애니메이터, 성우 등 영상활영 작업을 중심으로 하는 제작팀을 별도로 고용해 콘텐츠 제작의 일부를 맡기기도 합니다. 유튜브가 편집 등 제작을 의뢰하고 이에 대한 대가를 지급하는 내용의 계약을 체결하는 경우 이 계약의 성격은 이 관계의 실질에 따라 고용

계약, 도급 계약 등으로 달라질 수 있습니다.

크리에이터가 상시적으로 편집자의 업무를 지시 감독하고 근로 시간이나 임금 등이 정해져 있는 경우, 근로 관계의 실질이 인정됩니다. 임금을 목적으로 종속적인 관계에서 근로를 제공하는 것이 인정된다면 이는 고용관계로서, 만약 제작팀이 작업 과정에서 다른 사람의 저작권을 침해하는 등의 행위를 하였을 경우 크리에이터는 사용자로서 책임을 질 수도 있게 됩니다(민법 제756조 1항). 쉽게 말해 크리에이터는 제작팀을 고용한 사장으로서, 고용한 직원의 실수는 사장이 책임지는 것과 같습니다.

한편 크리에이터가 제작팀을 프리랜서 형식으로 구한 뒤 특정 영상에 대한 편집을 요구사항과 마감 시한 등과 함께 전달하고 제작팀에 대한 관리 통제는 발생하지 않는 경우라면, 이는 도급 계약으로 볼 수 있습니다. 이런 경우 법적 분쟁 발생에 대비해 제작팀이 편집 과정에서 제3자의 저작권을 침해하지 않을 것을 보증하는 내용 등을 계약서에 포함하는 것이 바람직합니다.

다섯째, 크리에이터와 광고주와의 관계입니다.

광고주는 크리에이터의 콘텐츠에 자사의 브랜드, 상품, 서비스 등을 노출시켜 홍보 효과를 얻고자 합니다. 이를 위해 크리에이터와 간접광고 계약, PPL 계약, 프로모션 계약 등을 체결합니다. 크리에이터는 콘텐츠에 해당 브랜드 등을 노출, 홍보하고 이에 대한 대가를 상품, 금전 등으로 지급받지요.

이 관계에서 분쟁을 예방하기 위해서는 계약 내용에 상품 노출 방식, 빈도, 홍보 내용, 홍보 비용, 제품 보증, 손해배상 등에 대한 내용이 포함되어야 합니다. 뿐만 아니라 표시광고법 및 공정거래위원회가 제정한 추천 보증 등에 관한 표시 광고 심사 지침 등을 준수하여야 합니다.